CORE THINKING

CORE

일의 본질을 꿰뚫는
생각의 기술

김범섭 지음

코어 씽킹

THINKING

북플레저

차

례

Core Thinking 1
한 걸음 더 가는 사람이 결국 해낸다

추천사

김범섭 대표는 스스로의 성공률이 1할이었다고 말한다. 그리고 이 책에는 그가 1할의 확률로 누적 가입자 2,300만의 서비스를 일궈내기까지 날카로운 자기 성찰의 과정이 담겨 있다. 서비스의 본질을 이해하는 법부터 조직을 이끌어가는 방법, 스스로의 감정에 대처하는 방법 등 확률의 세계에서 한 인간이 대처할 수 있는 현명한 선택지를 제시한다.

_김병규, 넷마블 대표이사

벤처캐피털 투자를 하면서 많은 스타트업 창업자들을 만난다. 그들의 이야기는 눈부신 성장 또는 쓸쓸한 폐업으로 요약되기 쉽지만, 사실 이야기의 진수는 무수한 고통, 가끔씩의 희열, 적중한 의사결정 또는 기가 막혔던 행운, 그리고 무엇보다 이 지난함을 뚫고 지나가는 창업자 마음의 역동일 것이다. 김범섭 저자의 여정을 오래 지켜봐온 사람으로서, 그다운 솔직함과 담백함으로 창업자가 겪어온 과정을 담아낸 이 책이 특히나 반갑다. 스타트업의 세계에 관심이 있는 누구에게든 귀한 책이 될 것이라고 믿는다.

_제현주, 인비저닝 파트너스 대표,《일하는 마음》저자

"사업을 하려면 이렇게 해야 한다." 김범섭 대표에게 여러 번 투자하고, 그의 성장을 지켜보며 계속해서 들었던 생각이다. 세상에 없던 서비스는 결코 우연히 만들어지지 않는다. 수많은 아이디어를 작은 프로젝트로 빠르게 실행해보고, 결과가 좋지 않으면 과감히 버린 뒤 다음 실험으로 나아가는 결단력과 추진력. 그것이 김범섭 대표가 사업을 해온 방식이다. 이 책을 통해 그의 일하는 철학과 실행 방식을 함께 배웠으면 한다.

_박하진, 에이치비인베스트먼트 전무

끝이라고 생각한 순간을 몇 번이나 넘겨야 지금에 이르렀는지를 알기에, 이 책이 더 깊게 다가온다. 《코어 씽킹》은 우리가 흔히 놓치는 '생각의 기준선'을 어떻게 세울지를 보여준다. 실패해도 또 다시 일어나 내일을 꿈꾸는, 유니콘을 꿈꾸는 모든 창업자에게 이 책을 꼭 권하고 싶다.

_백주석, 자비스앤빌런즈 대표이사

스타트업을 창업하여 일정 수준 이상의 성공을 거둔 경영자들에게는 공통점들이 보인다. 그러나 겉으로 보이는 공통점이 성공의 이유나 비결이라고 단정 지을 수는 없다. 그 지점에 이르기까지 어려움을 이겨내온 경험에 대해 듣다 보면 그 시간을 버텨온 그들의 철학과 '생각의 뿌리'가 중요하다는 것을 깨닫는다. 이 책은 고객과 시장, 사업적 문제를 바라보는 단단한 생각의 에너지를 솔직하고 과장되지 않게 전달한다. 마음의 기둥을 세우고 싶은 이들에게 도움이 될 것이다.

_최준기, 대동에이아이랩 대표이사

매번 새로운 도전에 나서는 사람들에게 필요한 건 기술이 아니라 태도다. 《코어 씽킹》은 무엇이든 처음부터 잘하지 않아도 괜찮다고 말한다. 다양한 시도 끝에 결국 길을 찾아낸 사람들의 생각법이 지금 멈춰선 우리에게 두려움을 넘어 다시 나아가게 한다.

_이기하, 사제파트너스 대표

《코어 씽킹》의 저자 김범섭 대표는 내가 창업자이자 투자자로서 만난 사람 중, 전략과 실행의 균형을 가장 잘 아는 창업자이다. 모두가 불가능하다고 말한 서비스를 실제로 구현해내며, 그는 세상의 기준을 바꾸고 있다. 나 또한 여러 번의 창업과 상장을 경험했지만, 그의 실행력과 핵심을 정확히 짚어내는 통찰력은 진심으로 존경할 만하다. 그리고 이 책에는 내가 평소에 그에게 배우고 싶던 모든 생각이 고스란히 담겨 있다. 내가 투자한 모든 스타트업, 그리고 앞으로 투자할 모든 팀에게 반드시 읽어보라고 권하고 싶은 책이다.

_성춘호, (주)엔브이씨파트너스 대표이사

성공하는 사람은 일단 시작하고 끝까지 밀어붙인다. 하지만 그의 진짜 비밀은 수많은 시행착오 속에서도 중심을 잃지 않는 생각의 힘이다.《코어 씽킹》은 방향을 잃을 때마다 다시 중심으로 돌아오게 만드는 나침반 같은 책이다. 모든 걸 다 알지 못해도, 시작할 수 있고 꾸준히 갈 수 있다는 믿음을 준다. 길을 잃는 게 아니라, 더 정확한 방향을 찾기 위한 여정이라는 걸 깨닫게 된다.

_송은강, 캡스톤파트너스 대표

실전 창업의 한복판에서 살아남은 이야기. 이 책에는 현장감이 있다. 성공적인 창업의 핵심은 기업가정신을 바탕으로 한 끊임없는 도전이다.《코어 씽킹》은 예비 창업자들에게 실패를 두려워하지 않고, 자신의 길을 확실히 걸어갈 수 있는 믿음을 준다.

_성상엽, 前벤처기업협회 회장

창업은 힘들고 고통스럽다. 교과서에는 나오지 않는 도전과 모험의 연속이기 때문이다. 저자는 스타트업 운영 과정에서 겪은 수많은 실패와 시행착오를 통해 얻은 생생한 성공 경험을 공유하여, 어려운 도전을 하는 창업자들을 응원한다. 《코어씽킹》은 먼 길을 가기 위해서는 복잡한 기술이나 요행보다는 본질을 향한 생각과 담대한 태도가 더 중요하다는 진리를 가르쳐준다.

_김제욱, 에이티넘인베스트먼트 부사장

프롤로그

톡픽 제작발표회 때의 기억은 지금도 선명하다. 톡픽은 대화형 미니 블로그를 표방한 한국형 SNS로, 쉽게 말하면 트위터와 비슷한 서비스였다. 당시 나는 순수한 창작 욕구로 가득 차 있었다. 톡픽은 내가 정말 만들고 싶었던 서비스였고, 그 자체가 자랑스러움의 원천이었다. 제작발표회 날, 벤처 미디어 기자들, 관련 업계 인사들, 그리고 부모님까지 초대했다. 서비스를 설명하면서 자부심에 벅차올랐다. 이렇게 멋진 서비스를 만든 나 자신에게 흠뻑 빠져 있었다. 하지만 지금은 그 서비스를 기억하는 사람이 거의 없다. 나를 포함해, 톡픽을 함께 만들었던 일부 관계자를 제외하면 말이다.

이제는 분명히 말할 수 있다. 톡픽은 철저히 실패한 서비스였다. 그 시절을 떠올리면 아직도 부끄럽다. 말도 안 되는 서비스를 당당하게 발표회까지 열어 소개하다니, 지금 생각해보면 왜 그랬을까 싶다. 결코 돌아가고 싶지 않은 나의 흑역사다.

창업을 시작하면서 나는 수없이 많은 실패를 겪었다. 처음부터 거창한 뜻이 있어서 창업에 뛰어든 건 아니었다. 세상을 바꾸겠다, 큰돈을 벌겠다는 생각도 없었다. 단지 '나는 대기업은 못 다니겠다'는 솔직한 자기 인식, 그게 출발점이었다. 창업을 통해 생계를 해결할 수 있다면, 그걸로 충분하다고 생각했다.

서비스를 만들기 시작했을 때도 그 마음은 크게 다르지 않았다. 고객을 위한 서비스라기보다는 철저히 나를 위한 서비스였다. 내가 하기 싫은 일을 피하기 위한 도구 같은 것이었다. 그렇게 20개가 넘는 서비스를 만들었고, 만드는 족족 실패했다. 지금 와서 돌아보면, 결국은 내 월급을 받자고 고객들에게 도와달라고 하는 꼴이 아니었나 싶다. 그건 서비스가 아니라 구걸에 가까웠다.

'왜 안되는 것일까?'

한참을 고민했다. 서비스를 만드는 데 적합한 사람이 아 닌가 싶어 좌절도 많이 했다. 주변에 워낙 서비스를 잘 만드 는 사람들이 많았기에, 그들을 보며 나는 저렇게는 될 수 없 겠다는 생각이 자꾸만 들었다. 자존감이 바닥을 쳤다. 그래 도 하나 남은 게 있었다.

"망할 것 같긴 해도, 내가 이걸 어떻게든 끝까지 정리하 고 나면, 적어도 그 시간과 노력이 헛되지 않았음을 증명 할 수 있지 않을까."

그 믿음 하나로 버텼다. 어떻게든 해낸 과정을 통해 성장 했음을 당당하게 보여주고 싶었다. 그 실패 속에서도 분명 배울 점은 있었다. 맨 처음 성공한 서비스인 리멤버를 시작 하면서 이전과는 확연히 달라진 두 개의 세계, 그 차이를 이 책에 담았다. 처음에는 몰라서 망했고, 알 것 같아서 다 시 해봤는데도 망했고, 정말 최선을 다했는데도 망했다. 그 렇게 20개의 서비스를 말아먹은 데 에너지를 쏟아부은 팀원들, 투자금과 함께 기대를 잃어버린 투자자들, 그리고 옆에서 묵묵히 지켜보며 마음고생했을 가족들을 떠올리면 여전히 미안한 마음이 남는다.

나의 시행착오를 다른 사람들은 겪지 않았으면 하는 간절한 마음에서 이 책을 쓰게 되었다. 창업을 준비하는 사람들에게 실패를 최소화하고, 더 빠르게 더 단단하게 성장할 수 있는 실전 방법을 공유하고 싶었다. 창업자가 아니더라도, 일을 더 잘하고 싶은 사람이나, 새로운 일에 도전하려는 모든 이들에게도 이 경험이 도움이 되기를 바란다. 이 책에서는 사업 아이디어를 검증하는 구체적인 방법부터, 실제 서비스를 런칭하면서 마주할 수 있는 시행착오와 그에 대한 현실적인 해결책까지 다뤘다. 단순히 성공 사례만 나열하기보다, 실패를 어떻게 기회로 바꾸는지에 대한 실질적인 가이드를 전하고자 한다.

수많은 시행착오를 거치며 나는 확실히 깨달았다. 일은 방법보다 '방향'이 먼저이고, 전략보다 '기준'이 먼저라는 것. 눈앞의 문제를 빠르게 해결하는 것만큼, 문제의 구조를 꿰뚫는 것이 중요하다. 그 차이가 바로 결과를 바꾸고, 성장의 속도를 바꾼다.

실패와 혼란 속에서 '무엇을 보고, 어디에 집중할 것인가'에 대한 나만의 기준을 나누고 싶었다. 아이디어를 검증한 방식, 실행하며 마주한 갈등, 그리고 모든 순간에 내가 어떻게 핵심을 찾아갔는지를 정리했다. 《코어 씽킹》은 일과 나 자신을 성장시키는 사고의 기준을 세우는 이야기이다. 일의 본질을 꿰뚫는 힘이 결국 나를 더 단단하게 만드는 힘이 된다.

　　창업은 힘들다. 돈도 많이 들고, 에너지도 많이 든다. 이건 부정할 수 없는 사실이다. 하지만 조금만 다르게 접근하면 시행착오를 줄일 수 있다. 성공 확률을 높이는 만큼 스타트업 세계에 도전하는 사람들이 더 많아질 거라 믿는다. 그럼 더 의미 있는 서비스들이 생겨날 테고, 나 역시 그걸 바라보며 함께 성장해나가는 재미가 쏠쏠할 것이다.

　　이 책이 그 흐름에 작은 보탬이 될 수 있다면, 그리고 스타트업에서 일하는 사람들의 이야기가 조금 더 풍부해지는 데 기여할 수 있다면, 그걸로 충분히 기쁘다.

한 걸음 더 가는 사람이
결국 해낸다

1

무엇이 나를
움직이게 하는가

끝이라고 생각할 때 시작하는 일

● ○ ●

명함 앱 '리멤버Remember♦'는 2013년 10월에 개발을 시작했다. 2012년 8월에 창업했으니, 창업 후 1년 2개월이 지난 시점이다. 그때까지 회사명은 '룩앤롤Look&roll'이었다. 룩앤롤 공동 창업자는 나와 디자이너, 개발자 이렇게 세 명이다. 소비자가 온라인으로 안경을 주문하면 세 개를 배송해주고,

---

♦ '국민 명함 앱'이라고 불리는 명함 관리 앱. 받은 명함을 사진으로 촬영하면 명함 속 정보가 휴대폰에 입력된다. 관리 안 되는 명함들을 하나의 앱으로 간편하게 관리할 수 있다.

그중 두 개를 반납받는 서비스를 해보자는 디자이너의 제안으로 시작한 회사였다. 법인 설립까지 해놓고 런칭을 준비하던 중 우리나라에서는 법규상 어렵겠다는 판단으로 빠르게 피벗pivot, 원래 유지해오던 비즈니스모델이나 경영전략의 방향을 틀어서 제품을 만들거나 서비스를 창조해내는 개념했다.

다음 서비스 모델은 지금의 '원티드wanted'처럼 채용을 연결해준 사람에게 보상금을 주는 '벤스터VENSTER'라는 서비스였다. 나름 기사가 날 정도의 주목은 받았지만, 서비스를 파고들수록 이 비즈니스는 헤드헌터headhunter, 고급 인력을 전문적으로 스카우트하는 사람 또는 회사 성격에 가깝다는 생각이 들었다. 그때까지만 해도 우리는 서비스 개발사이지, 서비스 운영은 우리가 할 일이 아니라는 생각이 확고했다.

고민하던 차에 창업진흥원에서 주최하는 벤처(그 당시는 '스타트업'이라는 단어를 잘 쓰지 않았다) 채용 행사에 초대받았다. 그냥 부스만 차려놓고 있자니 밋밋한 듯싶어서 아이디어를 낸 것이 '프로필미Profeel.Me'라는 모바일 명함 서비스이다. 채용 행사에 가면 인사 담당자는 명함을 주며 연락하라고 하는데, 대학생은 건넬 명함이 없는 경우가 다반사였다. 프로필미는 페이스북의 인적 정보로 10초 만에 명함을 만들어서 전달할 수 있게끔 하자는 아이디어였다. 3일 만에 앱을 만들어서 부스에 참여했는데 반응이 뜨거웠다. 그때가 2013년 4월이었다.

이후 이 정도면 마케팅도 하고, 투자도 받을 수 있을 것 같아서 대학교 친구의 소개로, 훗날 공동대표가 된 보스턴 컨설팅 출신의 그를 처음 만났다. 첫 반응이 뜨거워서 잘 될 것만 같았던 프로필미는 가입자 10만 명을 기점으로 성장세가 꺾였다. 지금 생각해보면 퍼포먼스 마케팅performance marketing, 광고 서비스의 특징에 따라 소비자의 행동을 정의하고, 실시된 캠페인의 효과를 데이터로 검증하는 마케팅을 시도하며 프로덕트를 진화시킬 시점이었는데, 당시에는 내가 직접 마케팅을 해봐야겠다는 생각조차 하지 못했다. 투자를 받기 위해 몇몇 VCVenture Capital/Capitalist, 경쟁력 있는 벤처기업을 발굴해 투자하는 투자전문회사 또는 투자전문가를 만났지만 매우 공손하게 까였다.

그렇게 돈이 떨어져가고, 다른 멤버들에게는 말하지 않고 공동대표와 나만 월급을 못 가져간 기간이 6개월 정도 되었다. 이때 마지막이다 생각하고 만났던 VC가 쿨리지코너인 베스트먼트의 대표님이다. 대표님의 개인 사무실에서 한 시간가량 프로필미의 서비스와 비전에 대해 열정 넘치게 피칭

했다. 반응은 여느 VC와 비슷하게 미지근했다.

달랐던 것은 피칭이 끝난 뒤였다. 대표님이 책상 위에 놓인 명함 보관함을 가리키면서 자신의 문제는 명함을 '만들어서 뿌리는 일'이 아니라, 저 많은 명함을 휴대폰에 '입력하는 일'이라고 했다. 저것만 입력해주면 몇십만 원도 줄 수 있으니, 혹시 입력해줄 수 없겠냐고도 물었다. 그렇게 별다른 성과 없이 흐지부지 미팅을 마친 나는 근처 삼겹살집에서 잘 마시지도 못하는 소주를 거나하게 마셨다. 이젠 더 이상 만날 VC가 없었다. 이렇게 끝내야 하나 싶었다.

정확한 한 글자가 바꾼 미래

다음 날 정신을 차리고, 나가기 싫은 사무실을 억지로 몸을 이끌고 나가려는데 몇몇 기억이 떠올랐다. 사실 프로필미에 관한 피칭을 할 때 명함을 입력해달라던 사람이 비단 어제 만난 대표님만은 아니었다. 혹시나 이게 어떤 시그널인가 싶었다. 그 즉시 생각을 정리하고 발전시켜 팀원들에게 공유했다. "우리 그냥 이거 해줄까?" 대표님의 책상 위 명함 보관함을 얼핏 살펴봤는데 대략 1,000장 정도 있는 것 같았다.

이런 식으로 발로 뛰어서 1,000명만 모으면 100만 장의 명함을 모을 수 있다. 공짜로 명함을 입력해주는 대신 가입자를 무려 100만 명이나 확보할 수 있는 셈이다. 팀원들 또한 괜찮은 생각 같다며 바로 해보자고 했다. 그리고 이제는 시간이 더는 없으니, 투자자는 공동대표가 혼자 만나기로 하고, 서비스와 운영은 내가 책임지기로 했다. 공동대표는 일주일 만에 프로필미와 리멤버(그 당시에는 이름도 지어지지 않았던, 프로필미의 부가서비스였다)의 시너지를 담은 사업계획서를 완성했고, 나는 디자이너와 개발자, 뒤늦게 합류한 안드로이드 개발자와 함께 한 달 안에 명함을 입력하는 서비스를 만들기 위한 계획을 세워나갔다.

2013년 당시에는 중국에서 만든 OCR_{Optical Character Rec-ognition, 광학문자인식} 기술 기반의 '캠카드_{CamCard}'가 명함 앱 분야에서 1등을 하고 있었다. 그런데 왜 어제 만난 대표님은 캠카드를 쓰지 않을까? 우리가 어떻게 명함 앱을 만들어야 대표님이 쓰게 할 수 있을까? 캠카드를 이용해 직접 몇백 장의 명함을 촬영해보니, 문자인식 과정에 조금씩 오류가 발생한다는 사실을 알 수 있었다. 특히나 숫자 '0'과 알파벳 소문자 'o', 한글 'ㅇ'. 이메일주소에서 한 글자만 틀려도 문제가 된다. 중요한 메일이 안 갈 수 있으니 말이다. 캠카드에 명함을 찍고 나서 입력되는 화면을 다시 한번 확인해야 하는 번거로움이 있었다.

명함 앱 성공의 핵심은 '정확도'라는 가설을 세웠다. 그런데 말이 쉽지, 어떻게 우리 다섯 명이 한 달 안에 몇 년간 최소 몇십 명을 투입해서 만든 글로벌 앱 캠카드보다 정확한 명함 앱을 만들 수 있을까. 며칠을 고민하다 보니 문득 이런 생각이 들었다. 캠카드의 입력값이 틀렸다는 건 어떻게 알았지? '내(사람)'가 보면 안다. 나(사람)는 '0'과 'o'와 'ㅇ'을 정확하게 구분한다. 그렇다면 내(사람)가 입력하면 캠카드보다 정확할 수 있다. 나는 곧장 사람이 직접 명함 속 데이터를 입력할 수 있는 시스템을 만들자고 팀에 이야기했다.

생각해보면 참 고마운 것이, 뭔 소린가 싶은 아이디어였을 텐데, 정말 별말 없이 만들어보기로 했다. 아마도 그 당시 모두가 느꼈던 것 같다. 이게 마지막 프로젝트라는 것을. 직접적으로 말은 안 했지만 돈이 다 떨어졌다는 것도 알았을 것이고, 이 프로젝트까지 안되면 팀이 해체될 수도 있다

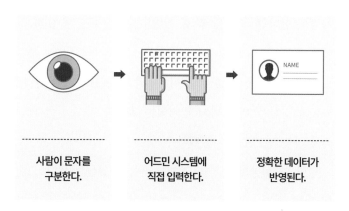

| 사람이 문자를 구분한다. | 어드민 시스템에 직접 입력한다. | 정확한 데이터가 반영된다. |

는 것도 알았을 것이다. 그럼에도 불구하고 내가 세상 진지한 얼굴로 하자고 하니, 이해 안 가는 일이지만 일단 해보자 했던 게 아닌가 싶다.

그렇게 정말 한 달 만에 투자자 시연용 서비스가 완성됐다. 앱은 정말 간단했다. 앱에서 명함을 찍으면 서버로 사진을 전송한다. 실시간으로 어드민admin, 관리자 시스템에 입력이 안 된 명함 사진이 뜬다. 그 명함 사진을 보고 내가 직접 데이터를 입력하면 명함 앱 주소록에 반영된다. 공동대표가 투자자 미팅을 하다가 명함을 촬영하면, 나는 대기하고 있다가 빛의 속도로 데이터를 입력해서 전송한다. 캠카드가 틀릴 만한 명함을 찍어서 비교해주면 리멤버가 압승이다. 그렇게 투자사 세 곳에서 시드 투자(seed investment, 스타트업이 아이디어를 기반으로 제품이나 서비스를 시장에 출시할 준비를 하는 단계에서 이루어지는 투자) 5억 원을 유치해 사업을 계속할 수 있었다.

2

자랑이 아니라
필요로 하는 서비스를 만들자

'스타트업'이라는 판타지

● ○ ●

종종 사람들에게 스타트업에 대한 판타지가 있다는 걸 느낀다. 그래서 대기업을 다니거나 컨설팅 회사를 다니다가 온 사람들과 면접을 진행할 때면 내가 항상 묻는 질문이 있다.

"왜 스타트업에 오는 결정을 하셨나요?"

그러면 대부분 이렇게 답한다.

"저는 좋아하는 일을 하고 싶어서 왔습니다."

스타트업 창업자들 대다수가 이와 같은 마음일 것이다. 사실 나도 그랬다. 남이 시키는 일 하지 않고, 내가 하고 싶은 일 하고 싶어서 시작한 것이 창업이었다. 그런 나의 마음 속 창작 욕구를 살려서 '톡픽TOCPIC◆', '위시홀릭wisholic◆◆' 등 20개가 넘는 서비스를 만들었다. 다 망했다.

내가 처음으로 투자받은 서비스는 리멤버였다. 사실 내가 만들고 싶어서 시작한 것이 아니라 투자사 대표님의 요청으로 아르바이트처럼 맡아 진행했던 일이다. 그런데 그 경험을 통해 투자 유치에 성공한 후, 어떻게 서비스를 만들어야 하는지에 관한 궁금증이 생겼다. '왜 아이디어를 내고 아이템을 만들 때만 재미있을까? 런칭 전에는 다 잘될 것 같고, 팀원들도 재미있어하는데, 정작 오픈하고 나면 왜 사람들이

◆ 국내 최초 대화형 미니 블로그이다. 특정 주제를 중심으로 메신저나 대화방처럼 이야기를 전개하는 것이 특징이다.

◆◆ '소셜'과 '커머스'를 접목한 서비스로, 갖고 싶은 선물을 위시리스트wishlist에 담아 지인들이 선물할 수 있게 돕는다. 단순히 받고 싶은 선물을 넘어서 떠나고 싶은 휴가, 꿈꾸는 결혼, 원하는 이상형 등 본인이 소망하는 것들에 대해 올리고, 이에 대해 서로 이야기를 나누고 공감하는 공간이다.

사용하지 않을까?'

그렇다. 내가 만들고 싶은 서비스를 만들 때는 서비스 오픈 전까지만 재미있다. 하지만 리멤버는 그와 정반대였다. 만드는 사람조차 처음에 공감하지 못했다. 평소 명함을 주고받을 일이 거의 없는 개발자들은 이런 서비스가 왜 필요한지 모르겠다며 의아해했다. 엄청난 기술이 들어간 서비스도 아니었기에, 만들고도 뿌듯하거나 자랑스럽지 않았다. 그야말로 단순했다. 누구나 마음만 먹으면 뚝딱 만들 수 있을 법한 평범한 서비스였다.

게다가 서비스 초기에는 내가 직접 명함을 입력해야 했는데, 그 과정은 지루하기만 했다. 솔직히 나도 하기 싫은 적이 한두 번이 아니었다. 그래도 꾸준히 하다 보니 조금씩 반응이 오기 시작했다. 어느 순간 '충격과 공포의 명함 앱'이라는 평가까지 들었고, 재미없는 과정 속에서도 성과가 보이자 흥미가 생겼다. 만들 때는 재미가 없었지만, 서비스가 오픈된 후에 재미를 느끼게 된 셈이다. 사용자가 늘어나고, 긍정적인 리뷰들이 이어지고, 모임에서 리멤버를 어떻게 만들었는지 질문을 받을 때마다 점점 신이 났다.

이 일로 한 가지 깨달음을 얻었다. 내가 만들고 싶은 걸 만드는 데 왜 사용자가 필요할까. 내가 즐겁고, 만족하는 서비스라면 결국 내 욕구만 충족시킨다. 그런데 왜 사용자가 돈을 내야 할까. 오히려 내가 돈을 내는 게 맞지 않을까.

좋아하는 일을 하려면 돈을 내야 한다?

리멤버는 정말 쉽게 만들어졌다. 내가 메모장에 간단하게 기획한 아이디어를 디자이너가 앱과 웹사이트로 구현했다. 결국 만드는 사람이 자랑하고 싶은 서비스가 아니라 사람들이 필요로 하는 서비스를 만들어야 한다. 돈을 벌려면 내가 즐거운 것이 아니라 사람들이 사용하면서 즐거움을 느끼는 서비스여야 한다. 그런 관점에서 보면 만드는 과정은 지루하고 별로 재미없을 수도 있다. 심지어 나에게는 이 서비스가 꼭 필요하지 않을 수도 있다. '이걸 왜 만들고 있지?'라는 생각이 들 때 오히려 성공 가능성이 높아질지도 모른다.

팀 분위기가 좋으면 내심 불안하기까지 하다. 우리만의 만족에 취해 서비스를 만들고 있는 건 아닌가 하는 의문과 함께 뭔가 잘못되고 있는 것 같은 느낌이 든다. 반대로 모두가 하기 싫어하고, 재미없어하고, 잘 모르겠다 싶을 때, 사람들이 잘 안될 것 같다고 할 때는 제대로 잘 가고 있다는 근거 없는 안도감이 들기도 한다.

실제로 기획자나 PMProject Manager, 프로젝트의 작업 진행을 총괄적으로 책임지는 사람은 회사 분위기에 신경을 많이 쓴다. 대기업에서는 이런 이야기가 잘 나오지 않지만, 스타트업은 다르다. 스스로 원해서 온 사람들이 많기 때문에 일이 재미없다는 말에 민감하다. 작은 조직일수록 분위기 하나가 커다란 위험 요소로 작용할 때가 많다.

개그맨 이영자 님이 이런 말을 했다. "하고 싶은 것 한 가지를 위해, 하기 싫은 아흔아홉 가지를 해야 한다." 어쩌면 좋아하는 일을 하려면 돈을 내야 한다. 정작 고객이 필요로 하는 서비스는 만드는 사람에게 즐거움을 주지 않을 가능성이 높다.

3

사업은 확실한 근거가
필요하다

계속할까? 그만둘까?

리멤버 이후 시작한 '자비스Jobis◆' 서비스는 초기 3년 동안 투자도 받고, 매출도 빠르게 올랐다. 그런데 2019년, 성장이 멈춘 뒤 투자자들에게 외면받는 상황이 닥쳤다. 일단 급한 대로 내 돈 5억 원을 투입하고, 가족들의 도움도 받았다. 개인 주주들로부터 자금을 모아 다시 시작하려 했다. 하지

◆ 사업자의 세무·회계 업무를 자동화하는 인공지능 경리 서비스. 전문 회계사와 IT 시스템이 만나 사업장의 모든 거래 내역, 매출, 비용 현황 등을 한눈에 파악하여 체계적으로 관리할 수 있게 해준다. 직원들의 급여 또한 효율적인 관리가 가능하다.

만 이렇게 큰돈을 들여 자비스를 계속하는 것이 과연 맞는 선택인지 깊은 고민에 빠졌다.

내 자존감은 바닥으로 떨어졌다. 그렇다고 무작정 손을 놓을 수는 없었기에 나는 프라이머 워크숍primer workshop, 극초기 스타트업에 투자 및 멘토링을 제공하는 프로그램에 참석했다. 사실 2016년에 갔어야 했는데 2019년에 갔으니 한참 늦은 셈이었다. 마치 재수생도 아닌, N수생동일한 시험에 여러 번 응시하는 학생이 된 기분이었다.

당시 강사로는 '당근마켓' 대표, '호갱노노' 대표 등이 있었다. 나와 비슷한 시기에 창업한 동료 창업자들이었다. 그들은 성공한 창업자 자격으로 강연을 하고 있었다. 반면 나는 학생 자격으로 강의를 듣는 위치였다. 내 모습이 초라했다. 함께 강의를 듣는 대표들은 이제 막 창업에 뛰어든 새내기들이었고, 나는 이미 창업 10년 차에 접어든 선배였다. 창피하고 부끄러웠다. 그럼에도 새롭게 사업을 시작하는 초보 창업자들과 함께하며 좋은 에너지를 얻었다. 덕분에 초심을 되찾고 다시 시작할 용기를 낼 수 있었다.

마지막 날 프로그램은 '캠프모바일' 이람 대표님의 강의였다. 내가 가장 존경하는 PM으로, 싸이월드 미니홈피 기획자로 시작해 네이버 블로그, 카페, 밴드를 만든 일명 'SNS의 여왕'이다. 강연이 끝난 후, 답답한 마음에 이람 대표님과 사진을 찍으며 질문을 던졌다.

"대표님, 제가 자비스를 5년 동안 운영했는데, 지금 애매한 상황입니다. 투자자들의 눈에는 매력적으로 보이지 않을지 몰라도, 고객은 분명히 있습니다. 그런데 이걸 계속해야 하는지 확신이 서지 않습니다. 차라리 망해버리면 깔끔하게 접고, 잘되면 그대로 이어나가면 될 텐데 말입니다. 이런 상황에서 대표님이라면 어떤 기준으로 계속할지 말지를 결정하시겠습니까?"

"사실 아무도 모릅니다. 김범섭 대표님이 저에게 이런 질문을 할 정도면 혼자서 얼마나 고민했을지 상상이 됩니다. 숫자를 봐도 답이 나오지 않는다면, 그건 정말 아무도 모른다는 뜻입니다. 지금 제가 드릴 수 있는 답은 단순합니다. 만약 저에게 그런 순간이 온다면 이제는 객관적인 숫자나 논리로 결정할 수 있는 때는 지났다고 생각할 겁니다. 그러니 대표님 마음 가는 대로 하세요."

N수생 창업자의 리스타트

● ○ ○ ●

그 말에 위안을 얻었다. '혹시 내가 잘못하고 있는 건 아닐까?'라는 생각에 자신감을 완전히 잃은 상태였다. 하지만 그 순간 결심했다. 새로운 시도를 해봐야겠다고. 사실 그때도 확실한 답을 찾지는 못했다. 다만 끝까지 가야 할지, 여기서 접어야 할지에 대한 근거를 찾고 싶었다. 매출이 100억 원을 넘으면? 성장률이 100%를 기록하면? 고객 수가 100만 명을 돌파하면? 혼자 보이지 않는 어떤 수치를 찾아 헤맸다. 그러다 의문이 들었다. 만약에 성장률을 100% 달성한다고 해서 그게 정말 사업을 계속해야 할 근거가 될 수 있을까. 지표가 과연 사업을 계속해야 하는 확실한 근거를 줄 수 있을까.

엄청나게 성공하거나 아예 폭삭 망해버리면 오히려 쉽다. 성공하면 하던 대로 계속 하면 되고, 망하면 그냥 멈추면 된다. 가장 어려운 순간은 애매한 중간 지점에 있을 때다. 이전에는 될지 안 될지를 고민하며 누군가를 논리적으로 설득해야 했기 때문에, 반드시 된다는 확신을 바탕으로 의사결정을 내리려고 했다. 하지만 이런 모호한 상황에서는 결국 하나를 선택할 수밖에 없다.

그때부터 '베팅betting'이라는 개념을 사용하기 시작했다. 요즘 회사에서 중요한 결정을 내릴 때 베팅하자는 말을 자주 한다. 베팅의 기준은 단순하다.

"성공했을 때 충분히 만족스러운가?"
"성공 확률이 충분히 높은가?"

예전에는 실패한 일에 대해 괜히 했다는 생각에 스스로 자책하기도 했고, 하지 않기로 결정한 일을 누군가 해서 잘된 것을 보면 그냥 해볼걸 그랬나 하며 뒤늦은 후회를 하기도 했다. 하지만 이제는 그냥 받아들인다. 베팅했고, 베팅해서 실패했을 뿐인 일로 받아들인다. 결과를 겸허히 받아들이는 법을 배웠다.

그런 의미에서 자비스를 그만하기로 한 결정도 하나의 베팅이었다. 자비스가 잘된다 해도 10년 뒤 매출이 100억 원 정도로 예상됐다. 그 정도의 결과라면 베팅에서 이겨도 만족스럽지 않을 것 같았다. 설사 실패하더라도 나에게 더 큰 보상을 가져다줄 수 있는 것에 새로 베팅해야겠다는 마음이 컸다. 그렇게 지금의 나와 우리를 만들어준 자비스에서 손을 떼기로 결정했다. 애정이 깊었던 서비스였기에 아쉬움도 컸지만, 더 큰 도약을 위해 떠나보냈다.

사업을 시작할 때
사업계획서를 쓰지 마라

나를 먼저 설득하자

• • •

요즘 신규 사업을 진행하면서 다른 스타트업 대표님들과 아이디어를 논의하는 일이 많아졌다. 그러면서 지나치게 리서치에 몰두하는 대표님들을 여럿 보게 되었다. 짧게는 한두 달, 길게는 6개월 이상 시장조사를 하는 분도 있었다.

우리나라에서 '사업 시작하는 법'을 검색하면 사업계획서 쓰는 법이 쭉 나온다. 투자자들이 보기 좋은 방식으로 목차까지 일목요연하게 정리되어 있다. 창업자 대부분이 착실한 모범생이었고 공부를 잘했던 사람들이 많다 보니 투자자가 요구하는 방식에 성실하게 임한다. 사업계획서를 열심히 작성하고, 시장조사도 철저히 한다. 그러나 사업계획서의 본질은 누군가에게 보여주기 위함이 아니다. 투자자를 설득하기 이전에 나를 먼저 설득하는 도구가 되어야 한다. 사업을 시작할 때 내가 고민한 질문은 단 하나였다.

"시장이 있는가?"

대략적인 시장 크기를 가늠하기 위해 통계청과 국세청 데이터를 찾아봤다. 명함 관리 서비스인 리멤버를 구상할 때에는 전국에 직장인이 몇 명인지부터 확인했다. 최소 100만 명이 넘으면, 잠재적인 사용자는 1,000만 명까지도 가능하겠다는 생각을 했다. 정확한 수치는 중요하지 않았다. 내가 원하는 시장보다 충분히 큰지만 확인하면 됐다. 결과적으로 지금 리멤버의 고객이 500만 명에 이르렀다. 당시 내 판단은 틀리지 않았다.

좋은 투자를 받기 위해 좋은 사업계획서를 써야 한다고 생각하면(사실 이게 상식적인 생각이긴 하다) 논문 수준으로 리서치를 하기 시작한다. 그러면 지나치게 복잡해진다. 세금 환급 서비스인 '삼쩜삼3.3✦'을 기획할 때도 나는 '우리나라 세금 서비스 분야에서 100만 명이 혜택을 볼 수 있는가'라는 질문부터 던졌다. 답은 '그렇다'였다. 이 정도면 충분하다고 생각한다. 그래서 나는 사업계획서를 완벽하게 쓰지 말라고 말한다. 사업계획서 쓰는 일에 너무 치중하다 보면 문제의 본질을 놓칠 수 있기 때문이다. 내가 초기에 작성한 사업계획서는 구글 시트에 숫자 몇 개 정도 적어놓은 수준이었다. 본격적인 사업계획서를 쓰기 위한 기초 자료에 불과했다.

물론 좋은 사업계획서가 있으면 도움이 된다. 하지만 더 중요한 것은 사업의 본질에 집중하는 것이다. '이 서비스로 돈을 얼마나 벌 수 있는가'도 중요하지만, 그보다 더 핵심은 '이 서비스가 단 한 사람이라도 만족시킬 수 있는가'의 여부이다. 단지 이것만으로 사업의 성패가 좌우되지는 않겠지만, 적어도 사업의 성공 여부를 판가름하는 데 있어 가장 중요한 본질이라고 생각한다.

✦ 사업자, 프리랜서를 비롯하여 누구나 쉽고 간편하게 세금을 신고하고 환급금을 받을 수 있도록 도와주는 서비스이다. 나아가 일상생활에서 현명한 소비를 돕는 다양한 신규 서비스도 제공하고 있다. 누적 가입자가 2,100만 명을 돌파했고, 누적 환급액은 1조 5,000억 원이 넘는다 (2024년 기준).

중국집을 예로 든다면, 짜장면 한 그릇을 정말 맛있게 만들어 만 원에 팔 수 있는가의 문제이다. 가장 기본 메뉴인 짜장면 하나 제대로 만들지 못한다면, 고객 입장에서는 차라리 집에서 짜파게티를 끓여 먹는 게 나으니까 말이다.

사업의 본질을 생각하자

• ○ ○

사업에서 가장 어려운 부분이다. 머리로는 쉽다고 생각하지만, 실제로 해내기는 어렵다. 상권 내 중국집 현황, 메뉴, 가격, 트렌드, 전망 등 리서치는 시간을 들이면 얼마든지 할 수 있지만, 만 원을 내고 짜장면 한 그릇을 맛있게 먹었다고 느낄 만큼 고객을 만족시키는 일은 결코 쉽지 않다. 그럴 때마다 머릿속에 어떻게 하면 좋을까라는 물음표가 마구 떠오른다. 중국집이라면 당연히 짜장면이 맛있어야 한다고 생각할 수 있다. 하지만 정작 짜장면이 맛없는 중국집도 존재하는 걸 보면 꼭 당연한 일만도 아니다.

IT 서비스도 마찬가지이다. 명함 관리 서비스도 동일하게 접근할 수 있다. 정교하게 사업계획서를 작성하기 전에 중요한 것은 명함 한 장이다. 명함 한 장을 촬영해서 입력되었을 때의 완성도, 즉 입력 과정의 정확도와 만족도가 사업의 핵심이다. 그건 마치 세포 같은 것이다. 그게 없으면 서비스 자체가 성립하지 않는다.

세금 환급 서비스는 한 건당 얼마나 환급받을 수 있는지가 중요하다. 환급액의 차이가 고객의 만족도를 결정짓고, 그 만족이 있어야 서비스가 확장될 수 있다. 곰탕집에서 중요한 것은 곰탕 한 그릇의 맛이다. 그런데 그 맛이 검증되기도 전에 전국에 프랜차이즈를 내서 확장하는 전략까지 세운다면, 이건 순서가 틀렸다. 본질에 우선순위를 두고 집중해야 하는데, 하나부터 열까지 손에 쥐고 놓지 않으려고 한다. 애먼 곳에 힘을 빼는 형국이다.

그런 의미에서 보면 투자자를 너무 빨리 만나는 건 도움이 되지 않는다고 생각한다. 의도치 않게 본질에서 멀어지게 만들 수도 있기 때문이다. 투자자들이 던지는 질문에 하나하나 답하다 보면, 사업계획서는 점점 더 두꺼워지고, 이것저것 고려할 사항도 늘어나게 된다. 그 과정에서 서비스의 본질은 점차 희미해지고, 급기야 길을 잃고 만다. 초기 회사의 모든 역량은 짜장면 한 그릇, 명함 한 장, 세금 환급 한 건에 집중되어야 한다. 모든 인력과 자원을 그 하나의 본질에 쏟아부어야 한다.

사업계획서는 언제든 고칠 수 있다

● ○ ●

사업을 시작할 때 가장 먼저 해야 할 일은 사업계획서를 쓰는 것이 아니다. "고객이 비용(돈, 시간, 에너지 등)을 지불하고도 서비스를 만족하면서 사용할까?"라는 질문을 습관처럼 하며 사업의 본질, 즉 고객이 진정으로 원하는 가치가 무엇인지 정확하게 짚어내는 일에 집중해야 한다. 그것이 최우선 과제이다.

사업계획서는 언제든 고칠 수 있다. 하지만 한번 틀어진 사업의 방향을 되돌리기는 쉽지 않다. 사업계획서의 논리가 아무리 매끄럽고 스토리가 그럴듯해도, 실제 서비스가 고객의 마음을 움직이지 못한다면 그 모든 전략은 의미가 없다.

실행되지 못 할 사업계획서에 너무 오랜 시간과 공을 들이면, 실제로는 아무것도 실행하지 못한 채 책상 앞에서 고민만 되풀이할 뿐이다. 사업계획서에 어울리는 서비스를 그럴싸하게 끼워 맞추려는 시도는 실패 확률이 매우 높다. 일의 순서가 바뀐 탓이다.

아이를 키우는 과정을 생각하면 이해가 쉽다. 처음부터 어떤 대학을 보낼지 걱정하기보다, 아이가 건강하게 잘 자라도록 하는 것이 먼저다. 그런 다음 성장 과정 속에서 아이가 잘하는 분야를 찾고, 공부든 운동이든 가능성이 열리면 그때 다양한 선택지를 놓고 논의를 하면 된다.

사업도 똑같다. 서비스가 건강하게 '살아 있는가', '시장 안에서 자생력을 가졌는가' 그것을 먼저 확인해야 한다. 처음부터 정교한 사업계획서에 에너지를 쏟기보다는, 고객에게 정말 필요한 무언가를 찾는 일에 몰두해야 한다. 남에게 보여주기 위한 멋진 문장보다는, 내가 내 자신을 납득시킬 수 있는 본질적인 힘이 필요하다.

　좋은 사업계획서는 결국 그 본질이 바탕을 이루고 있을
때 비로소 자연스럽게 따라오는 결과물이다. 스토리도, 숫
자도, 전략도 그 본질 위에 설 때 가장 설득력을 가진다. 그
러니 시작은 언제나 본질에서부터 계획은 그다음이다. 언제
든 고칠 수 있는 사업계획서보다 제대로 된 방향 설정과 본
질의 발견이 더 중요하다.

5

축적된 경험은
생각의 무기가 된다

경험은 어떻게든 도움이 된다

• • •

카이스트KAIST에서 10년 동안 항공우주공학으로 박사과정까지 수료하고 그만두었다. 헬리콥터를 만들다가 갑자기 서비스 만드는 일을 하는 내게 사람들은 묻는다.

"어떻게 하다가 갑자기 창업의 길을 걷게 되었나요?"
"공부하다가 멈춘 것이 아깝지 않나요?"
"공부를 오래 한 것을 후회하지 않나요? 차라리 창업을 빨리 시작했다면 더 좋지 않았을까요?"

솔직히 나보다 빨리 창업을 해서 일찍 자리 잡은 젊은 창업자들을 볼 때면 가끔 부러운 마음이 든다. 그런데도 10년 동안 공부한 시간을 후회하지 않는 이유는 항공우주공학과(이하 항공과)에서 배운 것들이 창업에 큰 도움이 되었기 때문이다.

나는 린 스타트업lean startup의 개념을 항공과에서 배웠다. 헬리콥터를 만들 때는 처음부터 실물 사이즈로 만들지 않는다. 처음에는 시뮬레이션을 돌린다. 시뮬레이션에는 돈이 거의 들지 않는다. 헬리콥터 한 대 만드는 데 1,000억 원 정도 든다고 하면, 한 번 잘못 만들면 순식간에 1,000억 원이 증발하는 셈이다. 하지만 시뮬레이션으로 프로그램 한 번 돌리면, 많이 들어야 100만 원 남짓이니 마음껏 해볼 수 있다. 실험 결과가 잘못 나오면 다시 하면 그만이다. 그렇게 시뮬레이션 테스트를 통과하면, 다음에는 모형을 만들어서 실험을 진행한다. 1/1000, 1/100, 1/10… 점점 스케일을 키워나간다. 모형의 크기가 커질 때마다 의미 있는 수치를 자세히 기록하고, 어느 정도 성능이 안정화되면 본격적인 개발에 돌입한다.

린 스타트업은 지금은 너무도 당연한 서비스 개발 방법

론이다. 최소한의 핵심 기능만을 포함한 MVP Minimum Viable Product, 최소기능제품를 만들어 고객의 반응을 빠르게 확인하고, 피드백을 반영하여 점진적으로 개선해나가는 전략이다. 개발에 투입되는 자원을 최소화할 수 있으면서도, 동시에 시장에 실제 제품이나 서비스가 출시되었을 때 고객의 반응을 가늠하여, 발 빠르게 전략을 수정하고 대응해나갈 수 있다. 그렇다. 내가 항공과에서 했던 작업과 비슷하다. 단계적으로 모형을 만들고, 중요한 지표들을 확인하며 발전시켜나가는 일은 린 스타트업의 방법론과 크게 다르지 않았다.

린 스타트업에서는 실험이라는 표현도 많이 나온다. 항공과에서는 헬리콥터를 만들 때 날개 A 타입, B 타입, C 타입을 모형으로 각각 제작해서 실험을 통해 성능을 비교한다. B 타입 성능이 가장 좋았다면, B 타입의 디테일을 바꿔가면서 최적화된 날개를 찾아나간다. 이는 린 스타트업 마케팅 퍼포먼스에서도 쓰이는 방식이다. 서비스 단계 화면을 최적화할 때 문구 테스트, 배너 테스트부터 버튼 색깔과 크기 하나까지 이러한 방식으로 만들어나간다. 버튼 크기를 대, 중, 소로 나눈 뒤 '중' 사이즈의 반응이 가장 좋았다면, 그 안에서 다시 디테일을 만들어가는 식이다.

항공과에는 원천기술이 없다는 점 또한 창업에 많은 도움이 되었다. 학문적으로 항공은 수학, 물리학, 재료공학보다는 시스템공학에 가깝다고 본다. 각각 다른 영역의 학문에서 항공에 필요한 부분을 가져다 쓰기 때문이다. 기계공학과의 결정적인 차이는 항공과에서는 비싼 재료를 쓸 수 있다는 점이다. 대부분의 분야에서는 경제성이 중요하다. 자동차를 엄청나게 비싸게 만들면 사람들이 쓸 수 없다. 반면 우주복은 소수의 특정한 사람들에게만 필요한 것이므로 최첨단 기술이 있다면 경제성과 상관없이 비싼 재료를 써서 개발을 시도해볼 수 있다.

이처럼 항공과는 다른 분야를 도입하는 부분, 가격적인 부분에 있어 상당히 개방적인 태도를 가진다. 스타트업과도 비슷한 느낌이다. 그래서인지 모바일 명함에 아날로그적인 인력을 도입하고, 세금에 AI 기술을 접목하는 등 영역과 기술을 과감하게 매칭하며 사람들에게 어떤 도움을 주는 서비스가 탄생할지 상상하고 실험하고 발전시켜나가는 나의 창업 행보와도 겹치는 부분이 많다.

삶은 여러 점으로 연결되어 있다

대학원 시절에는 CFD Computational Fluid Dynamics, 전산유체역학에서 유체의 움직임을 표현하는 방정식을 계산하기 위해 영역을 격자로 나누고 하나씩 수치로 풀어내는 일을 자주 했다. 참고로 항공과에서 해석해야 하는 수치는 엄청나게 복잡하고 단위도 크다. 그러다 보니 첫 직장이었던 KT에서 봐야 하는 사업 관련 엑셀은 박사과정을 하면서 보던 것들에 비해 훨씬 쉬웠다. 데이터 분석에 등장하는 숫자도 항공과에서 다루던 숫자에 비하면 아주 작았다. 재무제표를 볼 때도 그랬다. 뭔가 튄다는 생각이 불현듯 들 때가 많았다. 수많은 데이터를 들여다보다가 '어? 좀 이상한데?'라는 생각과 동시에 눈에 확 띄는 숫자를 귀신같이 잡아냈다. 항공과에서 보낸 10년간의 혹독한 훈련의 결과였다.

믿을 수 없지만, 그리고 믿기 어렵겠지만, 연구소에서 연구비 예산을 짰던 일이 창업을 하며 가장 큰 도움이 되었다. 당시만 해도 나는 연구소에 연구하러 왔는데, 정부 프로젝트를 한다는 이유로 연구원이 사업비 사용 규정과 조항들을 따져가며 영수증 따위나 붙이고 있어야 하는 현실이

영 마뜩지 않았다. 이런 일이 나의 연구 동기를 깎아먹는 일이라고 생각했다. 그러나 지나고 보니 공부하면서 학문의 정수라고 생각했던 부분은 도리어 큰 도움이 안 되고, 시간 낭비라고 생각했던 영수증 붙이는 일이 사업하는 데 큰 도움을 주었다. 참 아이러니하다.

　이런 걸 보면 인생이란 정말 알다가도 모르겠다. 지금은 아무 의미 없어 보이는 일들이 나중에 내 삶에 긍정적이든 부정적이든 어떤 영향을 끼칠지 우리는 알 수 없다. 스티브 잡스 Steve Jobs 가 이야기한 'connecting the dots(과거의 경험은 당시에 의미 없어 보이지만, 시간이 지나면 그것들이 연결되어 현재를 만들어낸다는 의미를 담고 있는 말)' 같다. 스티브 잡스가 대학을 자퇴한 뒤 서체 강의를 들은 경험이 훗날 애플의 독창적인 폰트에 영향을 미치게 될 줄 누가 알았을까. 사소하거나 덜 중요한 경험은 없다. 수많은 경험들이 별개의 점으로 존재하는 듯하지만, 결국에는 이어진다. 어떻게든 최선을 다해 해나가다 보면 내 일에 연결되어 도움이 된다. 다만 그게 언제 어떻게 발현될지 모를 뿐이다.

6

방향은
내가 정한다

'연쇄 창업가'라는 별명

• ○ •

다양한 커리어를 경험하며 살았다. 어릴 때는 과학자를 꿈
꾸며 과학고를 거쳐 카이스트에서 항공우주공학을 전공하
고 박사과정을 수료했다. 그 이후에는 방송국 PD가 되기
위해 방송국 입사 시험을 준비하기도 했고, KT에서 대기업
회사원으로 일한 적도 있다. '연쇄 창업가'라는 별명처럼 창
업도 여러 번 했다. 20개가 넘는 서비스를 만들며 끊임없이
망했고, 그중 몇 개는 잘되기도 했다.

누군가는 내게 커리어에 일관성이 없다고 한다. 서비스

만 해도 그렇다. SBS 〈한밤의 TV 연예〉라는 프로그램에 트위터 전문가로 출연한 적도 있을 만큼 트위터 관련 서비스도 많이 만들었다. 그 외에도 한국형 SNS를 꿈꾸며 톡픽 서비스를 런칭했고, 원하는 선물을 올리는 위시홀릭, IT 관련 트윗만 모아 블로그에서 한눈에 볼 수 있도록 한 소셜보드도 선보였다. 소셜커머스 그루폰코리아Groupon Korea에서 CTOChief Technical Officer, 최고기술책임자로도 일했으며, 헬스케어 분야에도 잠깐 몸을 담은 적이 있다. 사실 일 자체에는 공통점이 없다고 해도 무방하다. 군이 일관성을 찾자면, '당시의 내'가 하고 싶은 걸 했다는 것 정도가 아닐까 싶다.

연애를 하면 한때는 열렬히 사랑하지만, 때로는 싫어지고 미워지기도 하며, 어느 순간에 이르면 편안함과 안정감을 느끼는 등 감정이 변화하듯이, 일도 그렇다. 너무 좋아하던 일이지만 환경이 바뀌면 충분히 달라질 수 있다. 사실 계속해서 달라지는 것이 자연스러운 일이다.

언젠가부터 일이 더 이상 즐겁지 않고 하고 싶지 않다는 걸 깨달아도, 사람들은 일관성이 떨어진다는 평가에 갇혀 다른 선택을 할 수 있는 기회를 놓쳐버린다. 본인 스스로도 그런 변화를 받아들이는 게 쉽지 않다. 어쩌면 자신이 지금까지 쌓아온 정체성이나 기준이 무너진다고 생각할 수도 있으니 말이다.

삶이 던진 질문에 답하다

20~30년 전만 해도 어릴 때 장래 희망으로 말할 수 있는 것이 그리 많지 않았다. 대통령, 군인, 과학자, 의사, 변호사, 피아니스트, 화가, 교사 정도가 전부였다. 대부분 어른들이 알려준, 소위 좋아 보이는 직업들이다. 우리는 그것들을 장래 희망으로 삼는 게 좋다고 배웠다.

나도 비슷했다. 과학자가 되고 싶어서 과학고에 진학했다. 그런데 막상 가보니 과학고와 어울리지 않는 친구들이 보였다. 공부도 잘하고 성적도 좋았지만 과학에 영 흥미가 없다거나, 문학이나 미술처럼 아예 다른 분야에 뜻이 있는 친구들도 있었다. 지금도 기억나는 친구가 있다. 그 친구는 예술혼이 강렬했는데, 과학고를 졸업하고 대학교 3학년이 되어서야 자신이 원하는 것이 무엇인지 정확히 알게 되었다고 한다. 결국 대학을 그만두고 원하는 공부를 했고, 지금은 유명

한 뮤지컬 연출가가 되었다.

마흔이 넘고 나니 대학교 3학년 때 진로를 바꾼 것이 그
다지 늦었다고 느껴지지 않는다. 하지만 그 당시 사람들의
시선은 달랐다. 그때까지 공부한 시간을 다 날려버렸다고
생각했다. 과학고나 유명 대학을 포기한 선택을 마치 젊은
시절의 치기 어린 반항 정도로 보기도 했다.

내 경우에는 박사과정을 수료하고 2003년에 스키를 타다
가 큰 사고를 당한 후에야 커리어를 전환할 수 있었다. 스키
사고 당시 나는 한 시간 정도 기억이 전혀 없었다. 어떻게
다쳤는지, 어떻게 병원에 실려 갔는지, 그 어떤 일도 전혀 기
억이 나지 않았다. 회복하는 데만 1년이 넘게 걸렸고, 왼손
잡이였던 나는 왼손을 쓸 수 없게 되었다. 그렇게 꽤 긴 시
간이 지나고 나서야 스스로 생각의 틀을 깰 수 있는 자유
를 얻었다. 스키 사고 이후 당연하다고 여겼던 일상이 1년
넘게 단절되고 나서야 비로소 내가 진정으로 하고 싶은 걸
찾아 떠날 수 있었다.

젓가락질부터 시작해서 당연하게 해오던 일들을 모두 다
시 배워야 했다. 유치원생이 된 것 같았다. 몸에 힘이 없어서
앉아 있다가 일어서는 것조차 힘들었다. 원래 농구 같은 운

동을 좋아했는데, 왼손으로 잘하던 운동을 전부 못하게 되면서 다 하기 싫어졌다. 그렇게 되고 나니 일관성이니 뭐니 아무짝에도 필요 없겠다 싶었다. 당장 오늘 내 인생이 끝나더라도 "이만하면 괜찮은 인생이었다, 잘 살고 간다"라고 말하며 미련 없이 훌훌 떠날 수 있는 그런 인생을 살았으면 좋겠다 싶었다.

대부분의 사람은 이미 늦었다고 생각한다. 다른 걸 시작하기에는 용기가 부족하고, 겁이 나기도 한다. 원하는 걸 한다고 해도 성공할 자신이 없기도 하다. 무엇보다 본인이 뭘 원하는지 정확히 잘 모른다. 이력서만 놓고 본다면 현재까지의 커리어를 바탕으로 나아가는 길이 가장 안전한 선택일 수 있다. 그러나 삶 전체로 봤을 때 여전히 의문이 든다. '내 인생이 만족스러운가'라는 관점에서 본다면 결코 흡족한 선택은 아니라고 본다.

아침에 출근을 할 때면 가족들과 꼭 뽀뽀를 한다. 출근 후에 무슨 일이 일어날지 모른다는 불안감 때문이다. 지금 이 모습이 어쩌면 마지막일 수 있다는 생각이 트라우마처럼 문득 내게 다가온다. 전에는 대수롭지 않게 지나던 것들을 이제는 중요하게 생각한다. 결국 타인이 중심이 아니라 내가 중심이 되어야 한다. 나는 내가 가장 하고 싶은 것을 하면서 살아간다. 지금, 이 순간, 내가, 가장 좋아하는 것을 하면서 산다.

7

도메인을 사는
취미

'언젠가'라는 마음으로

●

창업을 시작한 초기에는 다른 사람들이 만든 여러 앱을 다각도로 분석하면서 나만의 훈련을 하곤 했다. 어느 정도 시간이 흐르면 자연스럽게 다음 단계의 훈련에 돌입한다. 내가 생각했던 아이디어를 바탕으로 직접 사업계획서를 써본다. 물론 상상이다. 시간도 오래 걸리지 않는다. 하루이틀 정도면 충분하다. 사업계획서를 써보고 말이 되는지 살펴본다. 실제로 서비스를 출시할 때의 상황을 떠올리며 서비스 이름도 정해본다.

지금도 그렇지만, 서비스 이름을 생각하는 게 제일 재밌다. 그러면서 내 아이디어와 사랑에 빠진다. 내가 가진 아이디어가 너무 괜찮은 것 같다. 그런 다음 서비스 이름에 해당하는 도메인이 있는지를 살핀다. 도메인은 간단할수록 좋다. 닷컴(.com)이 1순위고, co.kr도 괜찮다. 비슷한 것이라도 남아 있는지 찾아본다. 아이디어와 사랑에 빠지면 빠질수록 도메인이 금방 팔릴 것만 같아 조바심이 난다. 나중에 서비스를 하려고 했을 때, 도메인이 사라지고 없어서 못 할까 봐 일단 도메인부터 사는 취미가 생겼다.

사업계획서가 하나 나올 때마다 도메인도 하나 샀다. 돌이켜보면, 그때까지 남아 있는 도메인이라면 그만큼 매력적이지 않다는 뜻일 텐데도, 일단 냅다 사고 봤다. 그러면 마치 땅이라도 산 것처럼 기분이 좋다. 도메인을 사는 데 비용이 많이 들지도 않는다. 1년에 만 원이면 된다. 결제도 쉽다. 이런 일이 일상이 되면, 길을 걸어가면서도 창업 아이디어를 떠올리고, 기획, 개발, 홍보, 투자 등 다양한 측면을 검토하다가 이름까지 정하고 바로 도메인을 사는 경지에 이르게 된다.

애정을 듬뿍 담은 아이디어일수록 사업으로 구체화될 확

률이 높을 것 같지만 꼭 그렇지도 않다. 사실 몇 달 지나고 나면 시들해진다. 까맣게 잊어버리고 다시 열심히 다른 서비스를 향해 돌진한다. 재밌는 건 도메인을 산 지 1년이 지나면 도메인이 만료되었다고 이메일이 날아오는데, 그때 다시 보면 또 괜찮아 보인다는 것이다. 그렇게 다시 도메인을 결제하고 연장한다. 이걸 2~3년 정도 반복하다가 내가 살면서 이 사업을 하는 일은 절대 없겠다 싶은 확신이 들면 도메인을 해지한다. 도메인을 사는 취미는 사업을 처음 시작했던 2009년부터 2014년까지 이어졌다. 일단 사놓고 언젠가 서비스로 만들어야지 하는 마음으로 차곡차곡 모아놓은 것들이었다.

해지했던 도메인 중 하나가 '잡스런'이다. 현재 자비스앤빌런즈Jabis&Villains의 처음 네이밍 아이디어는 잡스런이었다. '달려서RUN 일JOBS을 처리해준다'와 '잡스러운 일을 해준다'는 중의적인 표현을 담은 이름이었다. 그런데 CTO가 "그럼 나는 잡스런 CTO야?" 하며 싫어해서 포기했다.

'택시'라는 도메인도 있었다. 택시를 부르면 빨리 오기를 바라는 것처럼 '택스tax를 빠르게' 처리하겠다는 의미였다. 택시 도메인은 처음 세금 관련 서비스를 만들던 2016년쯤

샀지만, 실제로는 서비스를 하지 않아 도메인만 가지고 있던 상태였다. 그러던 중 2024년에 회사 내에서 누군가 서비스명 아이디어로 택시를 냈다. 너무 신기하고 반가웠다. 그날 나는 직원에게 다가가 슬며시 얘기했다. "택시 도메인 이미 제가 갖고 있어요. 혹시 할 거면 얘기해주세요."

몸에 익은 훈련법

● ○ ●

어릴 때는 스키를 참 좋아해서, 겨울이면 부모님과 함께 스키를 타러 다녔다. 스키를 너무 잘 타고 싶었지만 전문 강습이 흔하지 않았던 시절이었기에 나는 잘 타는 사람들을 따라다니고 관찰하면서 스키를 배웠다. 그러다 대학원에 가서야 처음 제대로 된 스키 훈련법을 접했다. 스키 동호회 사람들과 스키에 흠뻑 빠지면서 스키를 전문적으로 훈련하는 세계가 있다는 것을 알았다. 스키에 관한 책도 읽고, 비디오도 보고, 서로 스키 타는 모습을 촬영해주며 피드백을 주고, 전문가에게 스키 레슨도 받았다. 그동안 혼자서 곁눈질로 배운 것과는 다른 차원의 훈련이었다. 취미 레벨과 프로 레벨의 훈련이 전혀 다르다는 것도 그때 깨달았다.

이후 나는 세상의 많은 것들을 훈련의 대상으로 바라본다. 그런데 창업을 해보는 훈련은 없다. 금수저를 물고 태어나지 않는 이상, 창업을 연습 삼아 해볼 수는 없는 노릇이니 말이다. 그래서 고안한 것이 바로 리버스 엔지니어링reverse engineering 훈련법이다. 리버스 엔지니어링이란, 제품이 완성되기까지의 과정을 거꾸로 추적하고 분석함으로써 그 제품의 제조 방식이나 성능의 원리를 파악하고 이를 통해 기술 향상이나 창의적인 응용을 추구하는 행위를 말한다. 예를 들어, 만들려고 하는 기능을 구현하는 기술이 없을 때 이미 그 기능을 구현한 제품을 분해하여 분석하는 방법이다.

리버스 엔지니어링 훈련법은 아인슈타인의 사고실험에서 착안되었다. 아인슈타인은 실제 실험 없이도 머릿속에서 가상의 시나리오를 구성해 문제를 탐구했다. 나는 이러한 방식을 창업에 적용해보았다. 머릿속에서 이미지 트레이닝을 하듯 간접적으로 창업을 시뮬레이션해 보는 것이다. 실제로 다양한 서비스들이 어떻게 만들어졌는지를 역으로 추적해 보기도 하고, 기획 구조를 역으로 구성해보기도 했다. 가능하다면 해당 서비스의 창업 멤버를 직접 만나 이야기를 나누며 그 서비스의 시작과 성장, 기획 의도, 마주한 문제와 해결 방식까지 살펴보았다. 나아가 '만약 내가 그 상황이었다면 어떻게 했을까'라고 질문하며 사고를 확장했다. 이 과정은 마치 시험을 치르기 전에 연습문제를 하나하나 풀어보며 실전 감각을 익히는 학습법 같았다. 창업도 훈련하면 레벨이 올라간다. 리버스 엔지니어링을 통한 창업 훈련법, 그것이 나만의 창업 학습 방식이었다. 나에게 영감을 준 당근마켓, 호갱노노, 싸이월드, 배달의민족 등 서비스를 만들었던 창업자와 팀에게 감사하다.

이번에
실패했다면,
레슨런해서
다음에는
반드시 성공 한다.

일의 방식은
생각의 힘에서 온다

1

좋은 아이디어는
코어에서 시작된다

아이디어는 중첩된 결과물이다

● ○ ●

사람들을 만나면 서비스와 관련된 질문을 많이 받는다.

"삼쩜삼은 누가 아이디어를 냈어요?"
"삼쩜삼 이름은 누가 만들었나요?"
"리멤버는 명함을 사람이 입력한다고 하던데, 그런 아이
디어는 누가 냈나요?"

사람들이 진심으로 궁금해하는 질문인데도, 선뜻 대답이

나오지 않는다. 이유는 간단하다. 서비스 개발에서는 '누가'에 관한 부분을 항상 명확하게 구분하기 어렵기 때문이다. 노래처럼 작사·작곡이 분명한 저작권 개념과는 다르다. 서비스는 공동 창작에 가깝다.

리멤버를 만들기 전에도 명함을 입력하는 서비스를 만들어달라는 투자자들이 몇몇 더 있었다. 내가 KT에 다닐 때 주소록 프로젝트를 진행했는데, 거기에 명함 기능이 작은 부가 기능으로 들어갔다. 담당 PM이 임원들 앞에서 시연하기를 원했고, 당장 일주일밖에 시간이 없는 상황에서, 사진을 찍으면 마치 명함이 입력되는 것처럼 보이도록 기능을 만들었던 경험도 있다. 이렇듯 아이디어는 여기저기서 모이고 중첩되면서 마침내 새로운 서비스로 탄생한다.

삼쩜삼도 마찬가지다. 원래 이름은 '돈받자'였다. '돈 받을 땐 자비스'를 줄여서 내가 만든 이름이다. 런칭이 얼마 남지 않았을 때 팀원들이 자꾸 찾아왔다.

"범섭 님, 서비스 이름이 정말 '돈받자'가 맞나요?"

"네, 맞는데요."

"다른 이름을 생각해보는 건 어떨까요?"

다들 이름이 이상하다는 말을 조심스럽게 돌려서 했다. 그렇다면 나도 돌려서 결정해야 했다.

"생각해본 좋은 이름이 있나요? 그럼 회의를 해서 네이밍을 확실히 마무리 짓죠."

네이밍 회의에 다섯 명쯤 모였다. 나는 이 회의를 통해 서비스 이름을 '돈받자'로 확정 짓고, 더 이상 질문을 받지 않을 작정이었다. 할 일도 많은데, 이런 문제로 에너지를 뺏기고 싶지 않았다. 보통 회의에서 의견을 모으고 결정하자고 하면 팀원들은 아이디어를 갖고 오지 않는 경우가 많았다. 대개 더 나은 의견이 없으니 결국 내가 생각한 대로 밀어붙일 수 있었다.

그런데 이번에는 달랐다. '돈받자'라는 이름이 정말 마음에 들지 않았는지, 팀원들이 예상외로 다양한 네이밍 아이디어를 쏟아냈다. 회의 도중에 한 팀원이 종합소득세 연관검색어에서 '3.3'이라는 숫자를 발견했다. 이 숫자를 글자로 바꿔 '삼쩜삼'이라는 최종 브랜드네임을 만든 건 또 다른 팀원이었다. 네이밍 회의 중에 바로 '3o3.co.kr' 도메인도 구매했다. 이게 삼쩜삼 네이밍의 비하인드다. 그렇다면 아이디어를 언급했다고 해서 과연 저 두 사람이 브랜드네임을 만들었다고 말할 수 있을까. 나는 아니라고 생각한다. 회의에 참석한 모두가 의견을 내고, 모두의 동의를 거쳐 만들어낸 '우리의' 브랜드네임이 아닐까.

하다 보면 길은 열린다

삼쩜삼 서비스를 구상하게 된 계기도 한 세무사와의 대화 덕분이었다. KTX를 타고 출장을 가던 중, 그 세무사로부터 카톡 메시지가 도착했다.

"범섭 님, 5월만 되면 찾아오는 고객들이 있어요. 10만 원, 20만 원 정도는 낼 수 있는 고객들이 종합소득세 신고를 해달라고 찾아와요. 그런데 저는 적어도 50만 원은 받아야 대신 신고를 해줄 수 있을 것 같아요. 하지만 서비스에서 대량으로 처리하면 가능하지 않을까요? 그 시장이 못해도 1년에 20억 원 정도는 되는 것 같아요."

그게 시작이었다. 2020년 5월에 삼쩜삼 서비스를 오픈했다. 사실 1년에 20억 원만 벌어도 좋을 것 같다고 생각해서 시작한 일이었다. 삼쩜삼의 초기 타깃은 연 소득이 5,000만 원에서 1억 원 정도 되는 고소득 프리랜서였다. 하지만 초반에 무작정 서비스를 열어놓고 기다렸더니 연 소득 1,000만 원 미만의 아르바이트생들이 소득신고를 의뢰했다. 수수료로 받을 수 있는 금액은 한 건당 만 원 정도. 사실 세무사 입장에서는 만 명이 신고해도 수수료가 겨우 1억 원 남짓이라 하지 않는 경우가 많았다. 일은 많고 번거로운데 벌 수 있는 돈이 적으니 대부분 하지 않는 시장이었다. 그래도 우리는 했고, 그들은 지금의 삼쩜삼을 만들어준 소중한 고객이 되었다.

'기한후신고'는 우연히 발견한 아이템이었다. 당시 대다수의 사람들이 5년 내에 종합소득세 기한후신고를 하면 그동안 환급받지 못했던 환급금을 돌려받을 수 있다는 걸 몰랐다. 기한후신고를 하는 사람이 1년에 10만 명도 되지 않았다. 시장 자체가 형성되어 있지 않은 상태였다. 그 무렵 삼쩜삼은 파일럿프로그램pilot program, 정식으로 발표되기 전에 오픈하는 맛보기 프로그램처럼 운영되었고, 종합소득세 신고가 끝나는 6월

이후에는 다음 해 4월까지 서비스를 업데이트해서 다시 오픈할 계획이었다. 하지만 첫해 반응이 예상보다 훨씬 좋아서 업데이트 기간을 단축하고 싶었다. 상시로 서비스를 열어두고 업데이트를 진행할 수 있는 방법이 없을까 고민한 끝에 시작한 것이 바로 기한후신고 서비스였다. 정기 신고는 매년 5월마다 있지만, 기한후신고를 통해 평소에도 종합소득세를 신고할 수 있다는 사실을 알게 되었기 때문이다.

기한후신고는 처음부터 고객을 확대하거나 매출을 늘리기 위한 전략이 아니었다. 심지어 삼쩜삼을 더 잘되게 하려고 만든 서비스도 아니었다. 단지 업데이트를 하기 위한 장치였을 뿐이었다. 사용하는 고객이 있어야 서비스 업데이트도 가능했으니 말이다. 그런데 2020년 7월에 가오픈한 기한후신고 서비스는 11월부터 인터넷 커뮤니티에서 반응이 오기 시작했다. 광고도 하지 않고, 별다른 마케팅도 없었지만, 고객들 사이에서 알아서 바이럴마케팅viral marketing, 제품이나 서비스를 소비자의 힘을 빌려 알리려는 마케팅으로, 바이러스가 퍼지는 것처럼 입소문이 나는 것을 활용하는 방법이 이루어지고 있었다. 사람들의 순수한 입소문만으로 2021년 1월 네이버 실시간검색어에 올랐다. 소위 말하는 대박이 터졌다.

시그널을 알아차리는 일

． ○ ●

리멤버도 그렇고 삼쩜삼도 그렇고 누가 여기에 저작권이 있느냐고 묻는다면 쉽사리 대답하기 어렵다. 네이밍 과정만 보더라도 여러 사람이 참여했는데 누구 하나를 콕 짚어 언급할 수 있을까. 어떤 서비스는 기한후신고처럼 운 좋게 얻어걸리는 경우도 있다. 그러니 어느 한 사람이 단독으로 서비스를 만들었다고 말하기는 어렵다. 흔히들 아이폰은 스티브 잡스가 만들었다고 하지만, 내 입장에서는 그렇게 쉽게 말할 수 없다.

리처드 도킨스Richard Dawkins의《이기적 유전자》에서는 개체 중심이 아니라 DNA 중심으로 사고하는 것이 더 합리적이라고 주장한다. 사람이나 개체는 단순히 유전자를 보존하기 위한 이동 수단에 불과하다는 것이다. 예를 들어, 엄마가 아이를 위험으로부터 보호하기 위해 자기 목숨을 버리는 행동은 개체 중심으로 보면 쉽게 설명되지 않는다. 단지 모성애라는 단어로는 충분하지 않다. 개체는 자기 자신을 보호하는 것이 본능이지만, 부모는 때로 자신을 희생하면서까지 아이를 보호한다. 동일한 행동을 DNA 중심으로 본다면 어떨까? 도킨스는 이미 번식한 개체가 살아남는 것보다, 새로운 유전자를 가진 후손을 보호하는 것이 유전자 입장에서 더 가치가 있기 때문이라고 설명한다.

삼쩜삼이 만들어진 과정도 비슷하다. 누군가가 아이디어를 내서 의도적으로 만든 것이 아니라, 그 자체로 DNA를 가진 생명체처럼 지금 이 시기에 필요했기 때문에 생겨난 것이다. 삼쩜삼은 마치 스스로 생명력을 가지면서, 사람들이 제안하는 아이디어를 빨아들이며 성장해온 존재에 가깝다.

나는 사업에서 가장 중요한 개념으로 '노이즈noise'와 '시그널signal'을 꼽는다. 나에게 들어오는 수많은 인풋들이 대부분은 노이즈이지만, 그중에 시그널이 존재한다. 바로 그

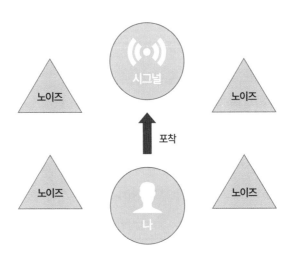

시그널을 포착하는 것이 나의 역할이다.

다시 돌아와서, "누가 이 서비스를 만들었나요?"라는 질문에는 여전히 답하기 어렵다. 서비스는 우연과 노력과 희생과 경험이 겹치고 겹쳐져 만들어진 결과물이다. 누군가 오롯이 혼자 기획해서 완성할 수 있는 것이 아니라는 말이다. 삼쩜삼 자체로 이미 DNA를 가지고 있었고, 시대가 필요로 했기 때문에 탄생한 서비스였다.

내가 아니었더라도 누군가는 결국 삼쩜삼을 만들었으리라 생각한다. 뉴턴의 만유인력의 법칙이나 라이트 형제의 비행기를 떠올려보자. 실제로 뉴턴 이전에 만유인력의 법칙 발견에 영향을 준 연구들이 발표되었고, 비행기를 최초로 만든 것은 라이트 형제이지만 상용화에 성공한 것은 윌리엄 보잉이었다. 이처럼 새로운 개념이나 서비스는 시대의 흐름과 환경이 필요로 할 때 필연적으로 등장한다.

라면을 끓일 때 물이 100℃에 도달하면 어느 한 방울이 끓어오른다. 그 물방울이 특별히 노력했기 때문이 아니다. 상온에서는 물방울이 노력한다고 해서 물이 끓을 수 없지만, 100℃가 되면 수많은 물 분자 중 하나가 수증기가 되어 올라온다. 누가 될지는 모르지만, 그중에 누군가가 처음으로 끓어오르게 되는 것이다. 서비스도 마찬가지다. PC가 생겨난 시대에는 OS_{Operating System, 운영체제}가 나타날 수밖에 없는 환경이 마련되었기 때문에 마이크로소프트가 아니었어도 누군가 윈도_{Windows}를 만들었을 것이다. 인터넷 시대에는 검색서비스의 등장이 필연적이기에 구글이나 네이버가 아니더라도 검색엔진을 만들었을 것이다. 모바일도 다르지 않다. 꼭 카카오톡이 아니었어도 분명 비슷한 모바일 메신저 서비스가 나올 수밖에 없다. 관건은 누가 가장 먼저 끓어오르는 서비스가 되느냐이다. 그것을 예측하기란 어렵다. 우연일 수도 있고, 운일 수도 있다. 다만 한 가지 확실한 사실은, 환경이 갖추어지면 새로운 니즈가 발생하고, 그에 따른 서비스가 탄생한다는 점이다.

당시에는 잘 보이지 않지만, 시간이 지나면 뿌옇던 환경이 선명해진다. 어떤 서비스가 살아남느냐는, 노이즈로 가득한 환경 속에서도 시그널을 정확히 포착하고, 그 신호를 잘 다듬어, 사람들 곁에 오래 머무를 수 있도록 만드는 데 달려 있다.

2

일의 본질을
흐리는 생각들

차별점에 집착하지 말자

• ○ •

우리가 자주 빠지는 오류 중 하나는 '차별화'에 대한 집착이다. 많은 사람이 기존의 것을 베끼는 일을 두려워한다. 이미 다 있는 것 아니냐고 하며 새로운 무언가만 찾는다. 리멤버를 예로 들면, 이미 유명한 명함 앱이 있으니 뭔가 새로운 것을 보여주려고 한다. 명함에 위치 서비스를 넣는다거나, 명함에 나온 주소들로 지도를 만들어준다거나 하는 식으로 말이다.

이런 접근은 억지스럽다. 한발 물러나서 생각해보면 결코 본질이 아니다. 명함 앱의 본질은 단순하다. 명함 앱은 명함 속 정보를 정확하게 입력해주면 된다. 세금 환급 앱은 환급금을 최대한 많이 돌려주면 된다. 사람들이 원하는 것은 그것뿐이다.

이런 이야기들이 너무 당연하고 단순하게 들리겠지만, 사람들은 의외로 자주 묻는다. 투자자를 만나거나 기자를 만나면 "다른 서비스와 뭐가 다른가요?"라는 질문을 꼭 받는다. 그래서 자꾸 차별점을 찾으려고 하는데, 그게 바로 함정이다. 핵심은 흔들리지 않고 계속 같은 답을 해줄 수 있어야 한다. 그게 전부다. 뭐가 다른지 묻지만, 다른 것은 없다. 경쟁업체가 등장해도 달라지는 건 없다. 본질은 같다. 차별화의 포인트는 더 정확하게 명함을 입력하고, 세금은 끝까지 찾아서 더 많이 환급받게 해주는 것뿐이다.

아마존의 창업자인 제프 베이조스Jeff Bezos는 "앞으로 10년 동안 무엇이 변할 것인가?"라는 질문보다 "앞으로 10년 동안 변하지 않을 것은 무엇인가?"라는 질문을 더 중요하게 여긴다고 한다. 커머스에서 변하지 않는 것 세 가지는 더 저렴한 가격, 더 빠른 배송, 더 많은 상품이다. 베이조스는 '변하지 않는 것'에 집중했고, 그 결과 아마존을 세계

최대 온라인 쇼핑 플랫폼으로 성장시켰다. 서비스에서도 '변하지 않는 것'을 찾는 것이 중요하다. 명함 앱은 더 빠르고 더 정확하게, 세금 환급 앱은 더 많이 더 편리하게 더 안전하게 서비스를 제공하는 것이 바로 그것이다.

앞서 말했듯 여기서 자주 빠지는 오류가 '무엇이 다른가' 이다. 사실 달라야 할 것은 별로 없다. 잠깐은 색다른 기능이나 재미있는 요소에 흥미를 느낄 수는 있겠지만, 고객들이 궁극적으로 원하는 서비스의 본질은 변하지 않기 때문이다.

요즘 회사에서 데이트 앱에 대한 아이디어를 나누고 있다. 흔히 서비스를 만들 때 범하는 오류가 있다. 사람들은 여러 데이트 앱을 벤치마킹하면서 차별화하는 방식으로 새로운 서비스 개발에 접근한다. 예를 들어, 어떤 앱은 너무 진지해서 부담스럽고 어떤 앱은 너무 가벼워서 불안하다면, 우리가 새로 만드는 앱은 너무 진지하지도 가볍지도 않은 방향으로 가야 한다고 주장하는 식이다. 하지만 데이트 앱의 핵심은 사람과 사람을 이어준다는 것이다. 다른 서비스를 벤치마킹하며 일부러 차별점을 만드는 것은 데이트 앱의 본질에서 오히려 멀어지는 방식이다. 결국 그렇게 만들어진 서비스는 어딘가 자연스럽지 않고 억지스러워 보일 수밖에 없다.

새로운 아이디어를 찾는다고 해서 모든 것이 달라지는 건 아니다. 같은 가치를 제공하면서도 접근 방식을 달리하는 방향으로 고민해야 한다. 아무도 하지 않는 완전히 새로운 것을 하려는 욕심보다, 기존 방식에서 어떤 부분을 변화시키면 사람들에게 더 유용한 서비스를 제공할 수 있을지를 고민하는 것이 중요하다.

내가 생각하는 '잘되는 서비스'는 본능에 기대는 서비스이다. 반대로 본능에 기대지 않는 서비스는 잘되지 않는다고 생각한다. 본능이라는 것은 DNA에 오래도록 남아 진화된 것이기 때문에 몇 년 만에 새롭게 나타나거나 갑자기 사라지지 않는다. 생존에 대한 욕구, 이성을 만나고 싶은 욕구, 대화를 나누고 싶은 욕구, 인정받고 싶은 욕구 등 사람의 본능이라는 게 사실 많지 않다. 그럼에도 차별화를 이유로 본능에서 벗어나면 마이너한 서비스를 만들게 된다. 본능을 충실하게 충족시켜주는 서비스에 차별화된 아이디어를 더해야 한다. 단지 달라 보이기 위해 일부러 차별화된 아이디어를 담는 것은 잘못된 방법이다.

아마존도 사실 기존에 전혀 볼 수 없었던 새로운 서비스는 아니다. 우리가 알고 있는, 우리에게 익숙한 커머스 사업일 뿐이다. 아마존에서는 커머스 사업의 본질 중 하나인 '어떻게 더 빠르게 배송하는지'를 차별화하려고 했다. 남들과 똑같이 해서는 더 빠르게 물건을 배송하지 못한다. 그렇기 때문에 다른 서비스를 운영한다. 중요한 것은 차별화 자체를 목적으로 두는 것이 아니라, 더 빠르게 배송하기 위해 차별화해야 한다. 본질의 디테일에 신경 쓰지 않고, 나만의 독창성을 드러내는 것에 집중하는 서비스는 실패한다. 사실 본질에 집중하는 것은 지겨운 과정들이 필요하다. 작은 차이를 개선하기 위해 동료들과 머리를 맞대고 끊임없이 고민해야 하고, 해결책을 찾아 다양한 방법들을 시도해봐야 한다. 사실 다른 사람들이 만들어놓은 정도의 배송 속도를 만드는 것도 힘든 일이다.

　결국 서비스의 경쟁력도 완전히 새로운 아이디어가 아니라, 본질을 세밀하게 다듬는 과정에서 갈린다. 골프에서 95%에서 정확도를 달성하기까지의 노력은 물론 중요하지만, 이후에 정확도를 정밀하게 올리는 과정이 승패를 판가름하는 핵심이라고 볼 수 있다. 골프 선수가 한 타를 줄이기 위해 동작을 세분화해서 정교하게 수정하고 훈련하는 것처럼 말이다. 서비스도 마찬가지이다. 완전히 새로운 아이디어보다는 디테일을 개선하는 과정에서 나온 작은 차별화 포인트가 서비스를 성공적으로 이끈다. 결국 승부는 큰 아이디어가 아니라 아주 작은 디테일의 차이에서 갈린다.

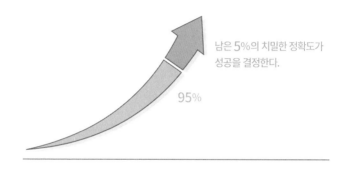

남은 5%의 치밀한 정확도가
성공을 결정한다.

95%

일이 많을 때 충원이 정답일까

또 하나 쉽게 빠지는 오류가 '일이 많아지면 사람을 더 뽑으려고 한다'는 점이다. 일이 많아지면 인력을 충원하는 것이 과연 당연한 순서일까? 서비스의 성장이 필요하다고 생각될 때 충원이 최선의 해결책처럼 보일 수 있지만, 그보다 일 자체를 간소화하거나 일의 효율성을 높이는 방법을 고민하는 것이 먼저이다.

이렇게 말하면 디자이너한테 욕 좀 먹을 수도 있겠지만, 내 생각에는 특히 디자인에 관심이 많은 사람들이 '보기에 너무 예쁘게' 만들려고 하다 보니 일이 많아지는 것 같다. 그들은 화면이 너무 간단하면 무언가를 더 채우려고 한다. 그럴듯하게 보이려고 페이지를 늘리고, 애니메이션도 넣고, 로고 작업도 하고, 미션과 비전 같은 것들도 추가한다. 일은 그렇게 점점 늘어나고, 결국 사람이 더 필요하다는 생각이 들게 된다. 실제로 필요한 것은 일의 본질을 더 명확히 하고 복잡성을 줄이는 것인데, 인력이 부족하다는 직원들의 말을 들으면 대표들은 으레 사람을 더 뽑으려고 한다.

그럴 때마다 '그 일을 안 하면 어떻게 되지?'라고 생각해 보면 어떨까. 서비스나 사업이 아직 제대로 자리 잡지 못한 초기 단계에서 예쁘게 만드는 것과 같은 부가적인 요소에 신경 쓰는 것은 오히려 본질을 흐리게 할 수 있다. 서비스의 시장가치가 있는지 없는지도 모르는 상황에서 더 예쁘게 만드는 것이 과연 얼마나 큰 의미가 있을까. 아이돌을 예로 들면, 아직 음원차트 Top 100에도 들지 못했는데 포토 카드나 굿즈부터 만들어 팔 생각을 하는 것과 비슷하다.

사업 초반에는 내가 게을러서, 귀찮아서 그렇게 생각하는 건 아닐까 스스로를 돌아보기도 했다. 결론은 '그렇지 않다'였다. 데이터 팀은 기성 제품에서는 특정 기능이 제대로 돌아가지 않으니 새로 서버를 구축해야 한다고 말하곤 한다. 틀린 말은 아니지만, 서버를 구축하는 데 한 달이 넘게 걸리고, 직접 서버를 만들면 데이터 분석의 기본도 잘 이루어지지 않는다. 구글 애널리틱스 같은 기성 제품을 사용하면 당일이면 되는 일을, 하나부터 열까지 새로 하면 당연히 일이 많아질 수밖에 없다.

사람을 뽑으면 그 직원은 일을 잘하고 싶어 하고, 그래서 일을 더 만들어낸다. 그런데 직원이 자기 직무를 잘하는 것과 프로젝트가 잘되는 것은 별개인 경우가 많다. 디자인, 마케팅, 데이터 등 각각의 영역에서 프로젝트 진행 단계 대비너무 빨리 오버스펙 인력을 뽑으면 문제가 생긴다. 아직 해당 업무가 필요하지 않은데 오버스펙의 인력이 들어오면 프로젝트의 우선순위에 혼동이 오기 시작한다.

기준이 없으면 끊임없이 흔들린다

• ○ ○ •

왜 이런 오류에 빠지는 것일까. 결국 원인은 '기준이 없다'는 데 있다. 잘나가는 경쟁업체를 보면, 그들의 방식을 그대로 따르고 싶은 유혹이 생기기 마련이다. 규모가 큰 유명 회사를 보면 자연스럽게 그 방식이나 스케일이 정답처럼 보인다.

내가 기준이 없으니 다른 회사와 자꾸 비교한다. 개발은 이 정도, 디자인은 이 정도라는 내 나름의 기준이 없으니 다른 회사에서는 어떻게 하는지 자꾸 살펴본다. 우아한형제들, 네이버, 카카오, 토스 같은 큰 기업들은 이미 확고한 기반과 많은 자원을 가지고 있으니, 그들이 사용하는 방법이나 기반 시설은 우리 같은 초기 단계의 회사에는 과잉일 수 있다. 상식적으로 당연한 말 같지만, 실제로 깨닫고 업무에 적용하기란 결코 쉽지 않다.

업계에는 관습적인 단계가 있는데, 거기에 휘둘리지 않으려면 본인만의 확고한 기준을 가져야 한다. 아직 그 기준이 없다면 그걸 먼저 내 스스로 찾고 공고히 하는 것이 중요하다. 안 그러면 "우리 회사는 왜 이래요?"와 같은 말에 끊임없이 휘둘리고 번뇌하게 된다.

3

아이디어도
지속적인 훈련이 필요하다

좋은 회의는 우연이 아니다

● ● ●

아이디어 회의를 재미로만 참석하면 대부분 하지 않는 것만 못하다. 반짝이는 아이디어를 기대하며 회의를 하지만, 회의 자체만으로 좋은 아이디어가 나오지는 않는다. 특히 '좋은 아이디어를 내야 한다'는 전체를 깔고 회의를 하면, 사람들은 결정권자의 의도에 맞는 아이디어를 내야 한다는 압박감을 받는 경향이 있다. 마치 출제자의 의도를 파악하여 정답을 맞히려고 애쓰는 수험생처럼 말이다.

우리는 원하든 원하지 않든, 정규교육을 통해 정답을 맞히는 훈련을 받아왔다. 그 영향으로 회의에서도 무의식적으로 정답에 가까운 아이디어를 내려고 한다. 그러다 보니 결정권자인 내가 어떤 반응을 보이느냐에 따라 회의 방향이 달라진다. 어떤 아이디어에 내가 조금이라도 반응하면 그게 반짝이는 좋은 아이디어가 되고, 반대로 내 반응이 미적지근하다 싶으면 그 아이디어는 그대로 묻히고 만다. 그렇게 회의의 본질은 사라지고, 모두가 반짝이는 아이디어를 내는 데에만 집중한다. 진짜 중요한 것은 그 아이디어가 반짝이는지 여부가 아니다. 아이디어를 끌어내기 위해 가장 먼저 해야 할 일은 "이 아이디어를 통해 우리가 무엇을 하려는가?"라는 질문에 대한 정의를 내리는 것이다. 아이디어 회의는 좋은 아이디어를 찾기 위한 자리가 아니라, 목적을 명확히 하고 그 목적에 맞는 다양한 접근을 탐색하는 자리여야 한다. 나는 늘 이 점을 분명히 하고 회의를 시작하려고 한다.

사람들은 종종 아이디어는 자유분방한 분위기에서 나온다고 생각한다. 아이디어 회의가 아무 말 대잔치가 되는 이유이다. 회의 참가자들이 저마다 마구잡이로 생각을 내뱉으면서 회의가 길을 잃는다. 아이디어 회의는 그렇게 흘러가서는 안 된다. 물론 아이디어란 기존 방식과는 다른 접근을 요구하기에 분위기가 지나치게 경직되어서는 곤란하다. 자유로운 분위기 속에서 누구의 눈치도 보지 않고 편안하게 자기 생각을 말할 수 있어야 한다. 하지만 좋은 아이디어란 결국 명확한 목적에 부합해야 한다. 아이디어 회의를 할 때 내가 무엇보다 목적에 집중하는 이유이다.

이를 수학 문제 풀이에 비유해보자면, 어려운 수학 문제를 마주했을 때 우리는 어떻게 정답에 접근해야 할지 몇 날 며칠을 끊임없이 고민한다. 그러다 샤워를 한다거나 잠들기 직전처럼 잠시 긴장이 풀린 순간 불현듯 해결의 실마리가 떠오르는 경우가 많다. 애써 고민할 때는 떠오르지 않다가 마음이 편안해지는 순간 답이 생각나는 것이다. 이런 경험들로 인해, 역시 사람은 편안한 상태에서 아이디어가 잘 나온다고 생각할 수 있다. 하지만 우리가 간과해서는 안 되는 사실이 있다. 수학 문제의 풀이가 떠오른 그 이면에는 이미 문제에 대해 충분히 집중하고 몰입했던 시간이 있었다는 점이다. 문제를 명확히 정의하고, 그 해결을 위해 깊이 고민한 시간이 있었기에 새로운 자극이나 맥락 속에서 풀이가 떠오르는 것이다. 아이디어 역시 마찬가지다. 당면한 목적에 집중하고, 심도 있게 고민하는 시간이 전제되어야 한다. 그래야 기존 방식으로는 풀 수 없었던 문제를 다른 각도에서 바라보고 새로운 조합으로 풀어낼 수 있다. 바로 이것이 진짜 반짝이는 좋은 아이디어를 만들어내는 방법이다.

좋은 아이디어 회의의 공통점

● ○ ○

좋은 아이디어가 나왔던 회의에는 공통점이 있다. 좋은 사람들이 함께했고, 분위기 역시 자연스럽고 활기찼다. 좋은 아이디어는 개인의 번뜩이는 천재성에서 나오는 것이 아니라, 공동창작에 가깝다. 누군가 혼자 만들어낸다기보다, 서로의 아이디어가 연결되고 확장되면서 만들어진다. 이런 아이디어 회의에서 창업자의 역할은 연출자에 가깝다. 따라서 단순히 즉흥적으로 회의에 참석해서 '아무거나 하나 걸려라' 하는 식으로 진행해서는 안 된다. 회의에서 어떤 성과를 낼지 충분히 생각하고, 그에 맞는 흐름과 환경을 미리 설계해야 한다.

아이디어 회의에 참여하는 사람들에게는 최소 일주일 정도의 시간을 주어야 한다. 마치 까다로운 과제를 하듯, 지속적으로 고민해서 준비할 수 있도록 말이다. 회의 전에 관련 정보와 레퍼런스를 공유하고, 아이디어의 방향을 탐색할 수 있는 웜업warm up 과정도 필요하다. 그렇게 충분한 사전 준비가 이루어진 뒤에야 비로소 한 시간의 회의는 의미 있는 '한 판의 경기'가 될 수 있다. 그런 회의는 진지한 분위기와 결의가 넘쳐흐른다. 최고의 결과를 내기 위해 각자 최선의 준비를 해온 상태다. 즉, 아이디어 회의는 '팀플레이'와 같다. 감독은 전략과 전술을 짜고, 선수들은 해당 주제에 깊이 몰입한 상태로 경기에 임한다. 이때 선수들을 지나치게 억누르면 창의적인 플레이가 나오지 않는다. 밸런스가 중요하다. 회의의 목표에 집중하면서도 자연스럽고 열린 분위기를 유지해야 한다. 그래야 사람들의 생각이 유연하게 흐르고, 그 안에서 진짜 좋은 아이디어가 탄생할 수 있다.

따라서 창업자는 평소에도 감독의 시선으로 직원들을 잘 관찰해야 한다. 네이밍 회의를 한다고 하면, 실제 기량이 있는 선수들을 선발할 수 있어야 한다. 경험상 모든 사람에게 아이디어를 받는 식의 회의는 결과가 좋지 않다. 사람이 너무 많으면 몰입도 떨어지고, 사전 준비도 부족한 경우가 많다. 냉정하게 말하면, 회의에 와서 쓸데없는 이야기만 늘어놓는 사람들이 생긴다.

축구 국가대표 감독이 중요한 경기를 앞두고 고심 끝에 선수를 선발하듯, 나 또한 아이디어 회의에 참석할 사람들을 심사숙고하여 정한다. 회사의 향방을 좌우할 수 있는 중요한 결정이라고 생각하기 때문이다. 축구 경기를 보면 골을 넣는 스트라이커만 있는 게 아니다. 수비수, 미드필더, 골키퍼 등 모두 제 역할이 있다. 아이디어 회의에 참석할 직원들도 마찬가지다. 각자 맡은 역할이 있다. 너무 긍정적인 사람만 모이면 회의가 극단적인 방향으로 흐를 수 있다. 이럴 땐 과감하게 아이디어를 걸러내는 수비수 같은 역할이 필요하다. 반대로 분위기가 너무 경직되면 색다른 시각으로 아이디어를 전환하거나 확장시켜 줄 수 있는 창의적인 미드필더가 있어야 한다. 마지막에 결정적인 한 방을 터뜨릴 수 있는 골게터도 필요하다. 정말 중요한 아이디어 회의라면, 단순한 참여가 아닌 회사의 명운을 걸고 뛸 수 있는 일류 선수들을 선발해야 한다. 누구를 어떻게 구성하느냐에 따라 결과는 완전히 달라진다.

평소에 선수층을 두껍게 하는 노력도 중요하다. 다양한 직원을 만나며 관찰하다 보면, 어떤 사람이 단순히 부정적인 게 아니라, 논리적인 시각으로 날카롭게 비판할 수 있는 사람이라는 걸 알게 된다. 또 어떤 사람은 창의적인 아이디어가 풍부한 타입이고, 어떤 사람은 다수의 의견을 원만하게 조율해서 결론을 이끌어내는 능력이 탁월하다는 점도 파악하게 된다. 꼭 회사의 중대한 사안을 다루는 큰 회의가 아니더라도, 일상적인 작은 미팅 속에서도 이런 역할 분담이 자연스럽게 이루어질 수 있도록 조직 문화 차원에서의 훈련도 필요하다. 우리 눈에 보이는 것은 회의에서의 단 한 시간일 뿐이지만, 그 한 시간을 의미 있게 만드는 것은 평소 철저한 준비를 통해 마련된 조직 문화와 환경이기 때문이다.

준비 없이 떠오르는 번뜩이는 아이디어란 없다. 그런 아이디어는 이미 깊이 고민하고 몰입했던 시간의 축적 위에서 우연히 떠오른 결과이다. 핵심은 회사가 아이디어가 만들어질 수 있는 문화를 가지고 있냐는 것이다. 모두가 하나의 문제에 몰입하고, 같은 목표를 향해 집중하는 분위기 속에서 비로소 진짜 좋은 아이디어들이 쏟아져 나온다.

아이디어는 기록에서 출발한다

· ○ ○ ·

의외로 아이디어 회의는 자유로워야 한다며 기록조차 하지 않는 경우가 많다. 나는 기록이 가장 중요하다고 생각한다. 아이디어 회의는 단발성의 한 방을 노리는 자리가 아니라, 장기적인 성장과 발전을 위한 과정이기 때문이다. 첫 번째 회의에서 기가 막힌 아이디어가 터지기를 기대하는 건 일종의 도박이다. 아이디어에도 야구처럼 삼진, 볼넷, 안타, 홈런이 있다. 지금 당장은 홈런을 치지 못했더라도, 점차 성장하고 있다는 걸 알아야 한다. 이를 위해서는 기록이 필요하다.

아이디어 회의를 연출하는 사람의 역할도 명확하다. 연출자는 직접 아이디어를 내기보다는, 아이디어가 잘 나올 수 있도록 구조와 맥락을 설계하고 그 흐름을 관리해야 한다. 아이디어가 어떤 맥락에서 나왔는지, 어떤 고민을 바탕으로 발전했는지, 필요한 것이 무엇인지 등을 명확히 제시할 수 있어야 한다.

나는 회의 중에 구글 문서를 회의실 모니터에 띄워두고, 실시간으로 메모한다. 회의에 참석한 사람들이 자유롭게 아이디어를 던질 수 있도록 돕고, 동시에 흐름이 흐트러지지 않게 조율한다. A가 이런 아이디어를 냈고, B가 여기서 첨언을 했고, 어떤 연결이 있었는지 끊임없이 기록하며 회의가 밀도 있게 전개될 수 있도록 정리한다. 회의가 끝나면 그 회의가 '이긴 경기'였는지 '진 경기'였는지 혹은 '무승부'였는지를 되짚어본다. 좋은 아이디어가 나왔더라도 회의의 흐름이 매끄럽지 못했다면 아쉬움이 남고, 반대로 아이디어가 당장 나오지 않았더라도 논의의 깊이나 팀워크가 좋았다면 충분히 가치 있는 회의라고 볼 수 있다.

무엇보다 중요한 건 같은 문제가 되풀이되지 않도록 피드백을 주는 일이다. 회의에서 반복적으로 나오는 문제에 대해 피드백 없이 넘어간다면, 다음 회의에서도 동일한 문제에 직면하게 된다. 아이디어 회의는 우연에 의존하지 않는다. 축적된 기록과 꾸준한 피드백 위에서 진짜 아이디어가 자란다. 물론 회의의 흐름이나 내용이 썩 좋지 않았는데도 우연히 좋은 아이디어가 나오기도 한다. 아이디어 회의라는 게 때로는 운처럼 느껴지는 이유이다. 하지만 결코 헷갈려선 안 된다. 분명히 '타율'은 다르다. 한두 번 언어걸리는 아이디어를 바라는 팀과 지속적으로 아이디어를 생산하고 발전시킬 수 있는 팀의 역량은 질적으로 다르다.

누군가가 좋은 아이디어를 냈을 때 피드백을 나누면 다음 회의는 이전보다 나아진다. 점점 각자 자신이 낸 아이디어를 스스로 피드백하기도 하고, 동료의 아이디어도 진지하게 되돌아보는 문화가 생긴다. 이런 식으로 훈련된 팀과 어쩌다 얻어걸리길 바라는 팀 사이에는 시간이 갈수록 엄청난 격차가 벌어진다. 지금은 아이디어가 다소 부족할지 몰라도, 꾸준히 평가하고 정보와 경험을 축적하는 팀은 해가 갈수록 전혀 다른 차원의 수준에 도달한다.

그래서 회의는 지속적인 훈련의 과정이라고 본다. 회의에 들어가기 전에 이전의 회의록을 보며 어떤 이야기가 오갔고 어떤 시도가 있었는지를 되짚는다. 회의 중에는 아이디어가 나오는 맥락과 흐름을 밀도 있게 기록하고, 서로에게 필요한 피드백을 실시간으로 주고받는다. 회의 후에는 실행된 결과를 되돌아보며 '이런 게 좋은 아이디어였구나'라는 감을 익히고, 당시에는 좋아 보였지만 결과가 좋지 않았던 아이디어에 대해서도 '이유가 무엇일까?'를 고민한다. 이러한 과정을 거듭하다 보면 아이디어의 성공률은 점점 높아진다. 결국 우리가 나아갈 길은 좋은 아이디어의 타율을 올리는 조직의 문화를 만드는 일이다.

누구도 쉽게
생각하지 못한,
기존 틀을 깨는
열린사고가
필요하다.

Jobis&Villains

4

완성도보다
속도가 중요하다

의사결정 속도가 방향을 만든다

○ ○ ●

사람들은 정확한 수치를 추구하며 그것이 올바른 의사결정을 도와줄 것이라고 믿는다. 수학 시험을 보듯이 완벽한 수치를 제공해야 한다는 압박을 받는 것 같다고나 할까. 이런 경향은 특히 회의할 때 두드러지게 나타난다. 최근 재무 팀과 함께 내년도 사업계획을 세울 때의 일이다. 재무 팀은 내년도 예상 인건비가 얼마고, 서버 비용이 얼마고, 광고 비용이 얼마고 등등 원 단위까지 붙들고 늘어졌다. 분명 필요한 일이긴 하지만, 사실 그건 나중 문제다. 내가 회의 시간에 알고 싶은 것은 대략적인 금액이다. '2023년도 매출액 500억 원 기준에 영업이익은 얼마, 인건비는 얼마' 정도면 충분하다.

나는 대략적인 금액을 보고 어떤 방향으로 나아가야 할지 결정한다. 비용을 원 단위까지 정확하게 계산하는 데 시간을 할애하기보다는, 대략적인 추정치를 기반으로 빠르게 결정하고, 남은 시간에 더 중요한 문제들에 집중하는 것이 효율적이라고 생각한다.

정확한 수치를 도출하려고 하다 보면 때론 엉뚱한 결과가 나오기도 한다. 숫자가 영 이상한 경우다. 한번은 인건비가 말도 안 되게 높게 책정되어 있었다. 재무 팀에게 어떻게 내년도 인건비를 계산했느냐고 물으니, 내년도 인건비 계산을 위해서 모든 팀에서 전부 예산을 받았다고 했다. 여기에 걸린 시간은 무려 한 달이었다. 이건 요청대로 예산을 승인할지 여부와는 아예 다른 차원의 문제였다. 정확한 수치나 세부적인 예산이 전혀 의미가 없는 것은 아니지만, 그것을 도출해내기 위한 과정에 너무 신경을 쓰다 보면 정작 핵심을 놓칠 수 있다. 그 한 달 동안 더 중요한 일을 할 수 있었을지도 모른다. 혹은 그로 인해 중요한 일이 뒤로 미뤄졌을 수도 있고, 좋은 기회를 놓쳤을 수도 있다.

사실 초기 단계에서는 하루 정도면 된다. 내년도 매출 증가 목표를 50%로 잡을 건지, 100%로 잡을 건지, 150%로 잡을 건지 정하고, 비용도 그에 따라서 잡으면 된다. 일단 재무 팀에서 전체를 보는 감을 가진 다음에 진행해야 하는데, 자꾸 정확해야 한다는 강박에 시달려 일을 거꾸로 한다. 현재 진행되고 있는 추세대로 일단 큰 그림을 그린 뒤, 차차 디테일을 잡아나가면 되는데 말이다.

강박이 만든 미로

◦ ◦ ◦

정확해야 한다는 강박에 빠지면 오히려 그로 인해 답이 더 복잡해지고, 중요한 것을 놓치기도 한다. 직원들에게 종종 가입자 수를 물어보면 집계하는 데 일주일이 걸린다는 답변을 받는다. 내가 궁금한 건 2,000만 명인지 2,100만 명인지 대략적인 수치이다. 2,173만 명 같은 구체적인 수치가 아니라는 것이다. "내년 5월에 가입자 수가 얼마가 될까요?"라고 질문하면 직원들의 머릿속에 복잡한 미로가 생긴다. 지금까지의 성장률이 나와 있으니 거기에 준해서 답하면 되는데, 정확해야 한다는 강박 때문에 복잡하게 생각한다. 이런 경우 근거만 복잡할 뿐이지 도리어 결괏값이 정확하지 않을 때도 많다.

내년도 인건비를 산정할 때 모든 팀에게 채용 계획이 있는지를 묻는다. 사람을 한 명 뽑을지, 두 명 뽑을지 말이다. 이렇게 질문하면 모든 팀에서 일단은 한 명 이상 뽑는다고 말한다. 서른 명짜리 팀에 물어봐도 한 명 이상 뽑는다고 하고, 다섯 명짜리 팀에 물어봐도 한 명 이상 뽑는다고 한다. 어떤 팀도 뽑지 않는다고 답변하지 않는다. 정확해야 하는 일에는 정확한 근거를 가져야 한다는 강박 때문에 아이러니하게도 정확도가 떨어지는 것이다. 정확한 예산을 산정하려고 한 질문은 팀별로 적어도 한 명은 채용하겠다는 답을 유도하고, 그 결과 실제 필요한 인력보다 과도하게 부풀려진 예산안을 만들어낸 것인지도 모른다.

나는 단순하게 계산한다. 지금이 100이라고 할 때, 10% 증가한다고 하면 110이 된다. 그런데 지금이 99이고, 여기서 10% 증가한다고 하면 다들 갑자기 계산이 필요하다고 한다. 사실 99나 100이나 크게 다르지 않다. 정확하게 답변하지 않으면 큰일이라도 나는 줄 아는 사람들에게 나는 되묻는다.

"내년에 가입자가 얼마나 늘어날 것 같아요?"
"많이 늘 것 같은데요."
"1,000만 명 정도 늘까요?"
"1,000만 명은 말도 안 됩니다."
"그럼 100만 명 정도 늘까요?"
"에이, 100만 명은 힘들죠."
"그럼 10만 명 정도 늘까요?"
"아뇨, 10만 명보다는 많을 것 같습니다."
"그럼 10만 명에서 100만 명 사이라는 건가요?"
"네, 20만 명에서 50만 명 정도는 늘 것 같습니다."

이렇게 여러 번 묻고 나서야 담당자 머릿속에 있는 대략적인 수치를 알아낼 수 있다. 사실 초기 단계에서는 이 정도면 의사결정을 내리는 데 전혀 부족함이 없다. 이런 사례는 많다. 서버나 보안 솔루션을 도입하기 위한 비용이 궁금해서 CTO에게 질문했다.

"서버나 보안 솔루션 도입에 비용이 얼마나 들까요?"

"얼마 안 듭니다."

"그래서 얼마인가요?"

"정확한 금액은 견적을 받아봐야 압니다."

"그러면 100억 원 정도 들까요?"

"100억 원은 말도 안 되죠."

"그럼 1억 원 정도면 될까요?"

"그것보다는 많이 듭니다."

"그럼 5억 원 정도면 될까요?"

"제 생각에는 5억 원에서 10억 원 사이일 것 같습니다."

내가 초반에 궁금한 건 대략적인 예산이다. 분명 담당자가 지금 당장 말할 수 있는 감이 있는데도 불구하고, 그걸 말하는 걸 주저하는 경향이 있다. 대부분 그렇다. 비즈니스를 판단할 때는 단순화된 정보를 갖고 있는 것이 중요하다. 그런 정보가 의사결정에 실제로 쓸모가 있다. 판단에 앞서 정보를 단순화하는 작업이 필요하지만, 대다수가 그런 사고 방식에 익숙하지 않다. 오히려 그렇게 하면 일을 대충 한다고 생각하거나 꼼꼼하지 못한 사람으로 치부한다.

'어바웃 계산법'이 필요한 이유

● ○ ●

아내에게 이런 이야기를 했더니 아마도 우리가 어릴 때부터 학습지를 풀며 길러진 습관 때문일 수도 있다는 가설을 내놓았다. 초등학교 저학년 때부터 연산 훈련이 철저하게 이루어지다 보니, 대한민국 사회에서 수를 계산하는 상황과 맞닥뜨리면 정확한 수치를 도출해야 한다는 강박이 은연중에 생겼을지도 모른다는 것이다.

'어바웃 계산법'에서 제일 중요한 건 자릿수이다. 1억 원인지 10억 원인지 100억 원인지 말이다. 그리고 가장 앞에 있는 숫자가 중요하다. 어차피 실제로 일을 진행하게 되면 수치에는 변동이 있을 수밖에 없기 때문에, 대략적인 범위 안에서 감을 잡는 것이 어바웃 계산법의 핵심이다. 하지만 우리가 어릴 적 배운 연산법은 맨 끝자리부터 차근차근 정확하게 계산하는 방식이었고, 그러다 보니 가장 중요한 자릿수나 큰 숫자의 규모를 직관적으로 어림잡아 파악하는 훈련이 부족하다. 물론 정확한 연산이 필요한 순간도 있지만, 의사결정에 있어 중요한 계산법은 반드시 그렇게 정밀할 필요는 없다고 생각한다.

개인적으로 어바웃 계산법을 연마하게 된 계기가 있다. 유년 시절 부모님과 함께 스키를 자주 타러 다녔다. 스키장이 오픈하자마자 첫 리프트를 타고 싶은 마음에 차가 스키장에 언제 도착하는지가 궁금했다. 지금은 내비게이션이 정확한 도착시간을 알려주지만, 그 당시는 지도와 표지판만 보고 길을 찾던 시절이었다. 표지판을 보면 10km 단위로 남아 있는 거리가 나왔다. 지금은 차량 속도도 계기판에 정확하게 나오지만, 그때만 해도 대략적인 범위로 두루뭉술하게 표현되었다. 아버지가 100km/h로 운전을 하시는데 남은 거리가 36km라고 가정해보자. 그런 상황에서 120km/h의 속도로 40km를 간다고 치고 계산하면 대략 20분 정도 걸린다고 말할 수 있다. 계산기를 돌려보면 정확히는 21.6분이 나온다. 20분과 21.6분은 큰 차이 없는 셈이다. 어바웃 계산법도 훈련을 계속하면 정확도가 높아진다. 살면서 가장 쓸모 있는 계산법이라고 생각한다.

한국의 정규 교육과정에서 어바웃 계산법과 같은 실용적인 계산 방법은 아무래도 전통적인 연산법에 비해 덜 중요하게 다루어진다. 비즈니스에서도 이러한 계산법이 협상 테이블에서 더 유용한 데도 말이다. 투자를 받기 위해 밸류에

이션valuation, 기업의 현재 가치를 평가하는 프로세스을 정하거나 가격을 조정할 때도 마찬가지다. 그 상황에서 스마트폰 계산기를 두드리거나 노트북을 꺼내 엑셀을 사용하면 속된 말로 없어 보인다. 순간적으로 '어바웃'으로 계산해서 이 협상이 우리한테 유리한지 아닌지를 판단할 수 있어야 한다. 그래야만 협상을 계속할지 아니면 깨는 것이 나을지 즉각적인 결정을 내릴 수 있다.

예를 들면, 채용 협상에서는 연봉과 스톡옵션에 대한 이야기가 오간다. 연봉 1억 원에, 스톡옵션 200주를 제안했는데 지원자가 연봉이나 스톡옵션을 더 받고 싶다고 말할 때가 있다. 이때 계산기를 두드리면 대화가 지나치게 계산적으로 흐르고, 감정적으로도 불편해져 협상이 성사되지 않을 가능성이 높다. 이럴 때 머릿속에 어바웃 계산기를 꺼내자.

스톡옵션 한 주당 가격이 108,000원이라면, 이를 10만 원이라고 단순화해 계산한다. 10만 원보다 살짝 넘는다 정도의 감만 가져간다고나 할까. 스톡옵션 100주가 1,000만 원 정도라는 감을 가지고 협상하면, 연봉은 1억 원에서 9,000만 원으로 조정하고 스톡옵션을 200주에서 250주로 올리는 식으로 제안할 수 있다(얘기하다 보면 280주 정도로

협의가 될 수도 있다). 이러면 대화가 훨씬 자연스럽고 원활하게 진행된다.

우리나라에서 정규교육을 받은 사람이라면 끝자리부터 하나하나 정확하게 계산해야 하는 연산법에 익숙하다. 그 익숙함 때문에 본능적으로 숫자가 나오면 대부분 자기도 모르게 끝자리부터 계산하게 된다. 하지만 실제 의사결정에서 끝자리는 중요하지 않다. 어차피 절사될 숫자에 매달리기보다, 큰 흐름과 핵심적인 자릿수를 중심으로 판단하는 것이 더 실용적이다.

5

의사결정
타이밍이란

늘어지는 이야기에서 결정을 내리는 법

• ○ •

회의를 오래, 많이 한다고 해서 반드시 좋은 결과가 나오는 것은 아니다. 실제로 회의를 길게 하고 여러 번 반복해도 정작 결정이 나지 않는 경우가 많다. 이런 상황에서 논의를 조율하고 결정을 지을 수 있도록 이끄는 것이 바로 내 역할이다.

보통 의사결정이 지연되는 상황을 보면 "이게 좋다", "저건 별로다" 같은 단순한 차원의 의견만 오갈 때가 많다. 만약 삼쩜삼의 수수료를 올릴지 내릴지를 논의한다고 치자. 수수료를 올리면 매출은 증가하지만 고객들의 불만이 커질 것이고, 반대로 수수료를 내리면 매출은 줄어들지만 고객만족도는 올라갈 것이다. 이런 수준의 논의는 굳이 회의를 하지 않더라도 누구나 예상할 수 있는 내용이다. 시간을 들인다고 해서 논의가 깊어지는 것도 아니다. 자세히 들여다보면 결국 다람쥐 쳇바퀴 돌듯 같은 수준의 이야기를 반복할 뿐이다.

회의가 길어질수록 오히려 디테일한 분석만 쌓이며 논의가 힘들어진다. 위의 논의에 '설문조사 결과 고객의 5%가 현재 수수료가 높다고 생각한다'라는 데이터까지 등장하면 논의는 한층 더 복잡해진다.

이때 내가 하는 일은 사람들의 의견을 구체화하여 객관식으로 정리하는 것이다. 삼쩜삼 수수료처럼 쉽게 결정하기 어려운 문제일수록 더욱 그렇다.

"수수료를 내려야 한다고 하는 분들의 의견은 수수료를 무료로 하자는 건가요? 아니면 반값에 하자는 건가요?"
"현실적으로 무료는 어렵고요. 일단 10~30% 정도 인하를 생각하고 있습니다."

이렇게 구체적인 범위가 나오면, 그중 중간값인 '수수료를

20% 내리자'는 A 안을 만든다. 그런 다음 다시 묻는다.

"왜 20%를 내려야 한다고 생각하나요?"

"고객들이 수수료가 비싸다는 얘기를 많이 합니다. 만약 20%를 내리지 않는다면 떠나는 고객들이 있을 겁니다. 수수료를 인하해서 사람들이 서비스를 더 이용하게 해야 합니다."

"그럼 수수료를 20% 인하하면 고객이 얼마나 증가할 것 같나요?"

"해봐야 알 것 같습니다."

"고객이 늘지 않을 것 같다는 의미인가요?"

"아뇨, 늘어날 것 같습니다."

"그렇다면 두 배 정도 늘어날 것 같나요?"

"아뇨. 두 배는 어렵죠."

"그렇다면 50%는 증가할 것 같나요?"

"50%까지는 어렵고, 적어도 30~40% 정도는 증가할 것 같습니다."

그렇다면 결론은 이렇게 된다.

A안: 수수료를 20% 내리자(고객 30~40% 증가 예상).

B안: 수수료를 그대로 유지하자.

이런 식으로 정리하면 결정을 내리기가 한결 간단하고 수월해진다. 의사결정을 어려워하는 이유는 해봐야 알기 때문이다. 맞다. 모른다. 사실 모르니까 의사결정을 못한다. 하지만 의사결정은 몰라서 하는 것이다. 수수료를 20% 내려서 고객이 30% 늘어난다는 것이 100% 확실하다면 그건 논리적 귀결이다. 누구도 의사결정을 하지 않아도 된다. 사람들은 확실한 근거를 들어 논리적 귀결을 만들어내려고 한다. 무작정 정답만을 찾으려고 한다. 정답이 아닌 상태에서는 아무것도 하지 않으려고 한다. 그렇다면 의사결정의 개념은 베팅이라고 볼 수 있다. '수수료를 20% 내리면 고객이 30% 증가한다'에 베팅한다. 그런 다음 베팅한 대로 될지 근거를 찾아보자. 과거 히스토리에서 가격탄력성상품이나 서비스의 가격이 달라질 때 그 수요량이나 공급량이 변화하는 정도에 관한 부분을 확인해보는 작업이 그중 하나가 될 수 있다.

감정에 치우치는 의사결정은 나아가기 어렵다

• ○ ○

의사결정의 정확한 포인트가 없으면 감정이나 느낌에 치중한 결론을 내리게 된다. 고객들이 싫어한다, 서비스 이미지가 나빠진다 같은 막연한 상상 속 이야기들을 던진다. 의사결정이 이루어지지 않으면 회의에 사람을 더 많이 부른다. 부르면 부를수록 정보는 많아지지만 정작 의사결정에 반드시 필요한 정보는 아니다. 합리적인 결론에 이르려면, 의사결정에 필요 없는 정보는 반드시 배제되어야 한다.

드라마를 보면 간혹 판사가 "위 내용은 기록에서 삭제합니다"라고 말할 때가 있다. 그 장면을 보면서 적극 공감했다. 판결에 영향을 미치는 정보들만 가려내야 좋은 결론을 얻을 수 있다. 피고인이 떠드는 모든 말을 다 고려해서는 올바른 판단을 할 수 없다. 법률에 부합하는 증거들만 모아서 단순 명료하게 정리해야 제대로 된 판결을 내릴 수 있다. 억울하다거나 그럴 만한 사정이 있었으니 좀 봐달라는 식의 피고인의 감정적인 호소는 단언컨대 판결의 근거가 될 수 없다.

6

기준은 찾는 게 아니라
정하는 것이다

기준을 정하는 일

● ○ ●

기준은 찾는 게 아니라 창업자가 정하는 것이다. 창업자가 창업의 단계에 맞는 서비스 기준을 제시할 수 있어야 한다. 직원들은 일을 할 때 객관적인 지표나 기준을 요구한다. 언뜻 합리적인 요구로 보인다. 그에 대한 내 의견을 말할 때마다 직원들은 왜 그런 기준이 필요한지 다시 묻는다. 그리고 대답을 요구할 때, 창업자는 흔들린다. 사람은 '왜'라는 질문을 받으면 으레 대답해야 한다고 생각한다. 거기다 점수를 잘 받으려고까지 하다 보면 어느새 둘의 관계가 뒤바뀌어버리고 만다. 리더는 팔로워가 만족할 만한 정답을 찾고, 결국 최종 의사결정자가 팔로워로 바뀌는 아이러니한 상황이 발생한다. 이는 직원의 질문이나 의견을 무시하라는 뜻이 아니다. 리더와 직원 모두 각자의 역할과 단계에서 기준을 가져야 한다는 의미다.

직원들이 내게 기준을 물으면 나는 "디자인이 그 정도까지는 필요하지 않다", "마케팅은 이 정도면 된다", "개발을 너무 복잡하게 할 필요 없다"라고 답한다. 디자인이 뛰어날수록, 마케팅이 막강할수록, 개발이 정교할수록 좋은 것 아닌지 되물을 수 있겠지만, 그것은 결단코 사실이 아니다. 각 단계마다 필요한 적정한 수준의 퀄리티가 있다. 스키에서도 초급 장비와 중급 장비와 고급 장비는 성격이 다르다. 초보자가 고급 장비를 쓰면 안 된다. 고급 장비는 민감하다. 스키를 다룰 만한 능력이 없는 초보자에게는 그저 너무 딱딱한 스키일 뿐이다. 오히려 스키 실력이 늘지 않는다. 다른 운동도 마찬가지다.

스타트업에서 엔지니어들은 장비병이 많다. 머리로는 너무 많은 것을 알고 있다. 이것도 해야 할 것 같고, 저것도 해야 할 것 같다. 서비스로 치면 아직 런칭도 안 했고 사용자

수가 만 명도 안 되었는데, 처음부터 고급 장비를 모두 갖추려는 것과 같다. 그들은 일단 시스템을 갖추면 바꾸기 어렵다고 주장한다. 틀린 말은 아니다. 어차피 나중에 장비를 바꿔야 하니, 애초에 고급 장비로 제대로 세팅하는 것이 기술적인 면에서도, 경제적인 면에서도 더 낫다는 논리에 따르면 말이다. 문제는 그렇게 하면 성장이 더디다는 것이다. 민감한 고급 스키 장비를 초보자가 쓰게 되면, 몸에 익히기도 전에 스키 타는 일이 너무 힘들어서 스키에 재미를 잃게 된다. 본질에 어긋나는 것이다. 결국 돈과 시간이 더 드는 상황이 발생한다.

만약 '당근마켓' 같은 서비스를 만들고 싶어서 지금의 당근마켓을 벤치마킹한다면 그건 제대로 된 벤치마킹이 아니다. 당근마켓이 처음 런칭되었을 때, 한 달 뒤, 분기별, 1년 뒤와 같이 성장 단계마다 무엇이 어떻게 달라졌는지를 봐야 한다. 그 과정에서 '런칭할 때는 이 정도 모습이면 되는구나', '1년 뒤에는 이런 디자인, 이런 기능이 필요하구나' 등과 같은 나름의 기준을 잡을 수 있어야 한다. 나는 직접 그때 그 시절 회사나 팀을 찾아가서 직접 살펴보고 물어봤다. 직접 가서 보고 들으면 보이고 들린다. '이 정도 스케일에는 적어도 이 정도 인원이 필요하구나, '초반에 장비는 이 정도 갖추면 충분하겠구나' 등으로 말이다.

특히나 기준을 정할 때는 우리 회사의 지향점과 성장 단계가 어디쯤인지 알고, 그에 맞춰 벤치마킹을 해야 한다. 만약 '배달의민족' 같은 서비스를 만들고 싶다면, 배달의민족이 우리와 같은 성장 단계일 때 어떤 모습이었는지를 살펴봐야 한다. 내가 스키 국가대표가 되고 싶다면, 국가대표들이 처음 스키를 시작했을 때 어떻게 훈련했는지를 살펴보는 것과 같은 이치이다. 이제 막 스키에 입문했다면, 국가대표급 장비를 갖추는 것은 적절한 기준이 될 수 없다는 말이다.

서비스의 4가지 단계

● ○ ●

창업자가 성장하는 서비스를 분석하며 감을 익혀두면 실전에서 각각의 서비스 단계마다 어느 정도 퀄리티를 직원들에게 요구해야 하는지 기준을 잡을 수 있다. 서비스 개발은 대략 다음 4가지 단계로 나누어 생각해볼 수 있다.

1단계. 고객 수요 확인

2단계. 솔루션의 가치 제공 여부 검증

3단계. 기술적 구현

4단계. 스케일업 scale up

각 단계마다 필요한 기준은 달라진다. 1단계에서는 디자인조차 내가 해도 될 정도로 단순해야 한다. 마케터도, 디자이너도, 개발자도 필요 없다. 차라리 어설픈 것이 더 좋다. 고객의 수요를 확인하며 서비스의 본질을 정하는 것이 이 단계의 핵심이기 때문이다. 디자인이 너무 세련되면, 사람들이 디자인에 현혹되어 서비스를 보지 못할 수도 있다. 디자인이 만들어낸 기대치 때문에 정작 서비스 콘셉트에 대한 유저 반응을 제대로 측정하기 어려워진다.

삼쩜삼도 마찬가지였다. 고객 수요 확인을 위해 페이스북에 "카톡으로 손쉽게 세금을 환급받으세요"라고 간단한 디자인의 배너광고를 걸고, 사람들이 과연 서비스를 이용하기 위해 이메일주소나 휴대폰 번호를 입력하는지 여부를 살폈다.

어설픈 디자인은 오히려 노이즈를 제거해 본질에 집중하

게 만드는 효과가 있다. 하지만 이 과정에서 디자이너들의 저항이 크다. 디자이너가 없으면 디자인이 부족하다는 불만도 나오겠지만, 디자이너가 있는 상태에서 초기 버전이 투박하게 나오면 디자이너들은 창피해한다.

솔루션 가치를 검증하는 2단계로 나아가면, 이번에는 개발자들의 저항에 부딪힌다. 이 단계 역시 솔루션 제공 방식이 완벽할 필요가 없다. 어떤 방식으로든 고객에게 서비스 기능을 제공할 수만 있다면 그것으로 충분하다. 그래서 삼쩜삼도 초기에는 사람이 직접 서비스 기능을 제공하는 방식으로 솔루션 가치를 검증했다.

고객과 채팅으로 모든 프로세스를 진행했다. 옆에 세무사를 앉혀두고, 고객이 원하는 정보를 물어보면 세무사가 직접 답변했다. 수수료가 얼마인지 안내하고, 결제는 계좌이체로 진행했다. 회사 계좌번호를 알려주고, 고객이 실제로 입금하는지 여부를 통해 서비스의 실효성을 테스트했다. 이에 개발자들의 저항이 엄청났다. "서비스가 너무 허접하다", "보안이 취약하다", "이런 결제 방식은 신뢰도를 떨어뜨린다" 등 갖가지 비난을 쏟아냈다. 그러나 이 단계의 핵심은 완성형 서비스의 개발이 아니다. 10만 명이 쓸 수 있는 서비스가 아니라, 단 한 명의 고객이라도 만족하며 쓸 수 있는 서비스가 가장 중요한 기준이 되어야 하는 단계이다.

고객과 직접 채팅을 하면 피드백을 즉각적으로 받을 수 있다. "입력이 안 돼요", "수수료가 너무 비싸요", "답변이 너무 느려요" 등 따로 돈과 시간을 들여 고객 설문조사나 인터뷰를 하지 않아도, 실제 고객 반응을 실시간으로 생생하게 확인할 수 있다. 또, 고객과의 채팅에는 시나리오가 존재한다. 고객과 대화를 할 때마다 시나리오를 즉시 수정해나갈 수 있다. 그 덕분에 서비스 최적화 속도가 훨씬 빨라진다. 만약 기술적으로 완벽한 형태의 서비스 개발을 먼저 진행했다면 어땠을까. 수정하는 데만 일주일 이상 걸렸을 것이다. 앱 버전 업데이트까지 포함하면 한 달 이상 걸렸을 수도 있다. 빠른 검증과 개선을 위해서는 완벽한 개발보다 즉각적인 테스트가 더 중요하다.

서비스는 계속 변화한다

이제 3단계, 본격적인 서비스 개발이 시작된다. 이때 앞 단계에서 밝혀진 내용들이 개발 단계의 기준이 된다.

기준 1. 랜딩 페이지는 고객의 기대감을 만족시켜야 한다.
기준 2. 채팅을 통해 최적화된 시나리오를 바탕으로
UXuser experience, 사용자 경험를 실제 서비스로 만
들어, 솔루션을 맥락에 맞게 구현한다.

기준 없이 작업을 하다 보면 좋은 게 좋은 거라는 식으로 흘러가는 경향이 있다. 랜딩 페이지는 이쁘면 이쁠수록 좋다. 서비스의 기능은 다양하고, 결제수단도 많을수록 좋다는 식으로 말이다. 하지만 그런 방식은 핵심을 흐리는 위험이 있다. 처음의 삼쩜삼은 오직 카카오톡으로만 회원가입이 가능했다. 그 정도만으로도 우리가 목표로 하는 고객들에게 충분히 다가갈 수 있다는 명확한 기준이 있었기 때문이다. 즉, 서비스 개발은 단순히 기능을 추가하는 것이 아니라, 앞 단계에서 검증된 핵심 요소를 반영하는 과정이어야 한다.

PM 입장에서 서비스를 만들어가는 과정은 마치 영화 촬영장에서 감독이 하는 역할과 비슷하다는 생각이 든다. 영

화감독은 촬영을 지켜보다가 OK, CUT, NG를 외친다. 그의 머릿속에는 영화 전체의 흐름과 이 씬에서는 이 정도 퀄리티가 나와야 한다는 장면별 기준이 있다. 그 기준을 넘어서면 OK, 부족하면 다시 찍는다. 영화감독도 모든 장면을 완벽하게 찍고 싶겠지만, 씬의 중요도에 따라 적용되는 기준이 다르다. 엑스트라의 연기 하나까지 놓치고 싶지 않지만 모든 씬을 무한정 다시 찍을 수는 없다. 창업자가 서비스를 구현하는 과정도 이와 비슷하다. 각각의 단계에서 요구되는 기준이 끊임없이 달라진다. 어떤 단계에서는 빠른 테스트가 중요하고, 어떤 단계에서는 완성도가 중요하다. 다만, 영화는 두 시간이면 끝나지만, 서비스는 계속해서 변화한다.

그렇기 때문에 마지막 4단계인 '스케일업'까지 도달하려면 훨씬 더 큰 노력이 필요하다. 런칭 이후 서비스가 안정화되고 점차 규모가 커지면, 자연스럽게 더 많은 고객을 상대하게 되고, 관리해야 할 데이터의 양도 기하급수적으로 늘어난다. CS Customer Service/Satisfaction, 고객 서비스 또는 고객 만족 관련 업무 역시 함께 증가한다.

이때 늘어나는 수요를 제대로 감당하지 못하면 고객에게 실망을 안겨줄 수밖에 없다. 단순히 잘 만든 서비스에서 멈추는 것이 아니라, 늘어난 기대와 책임까지 감당할 수 있어야 진짜 성장이다.

따라서 성공적인 스케일업을 위해서는 꾸준한 기술 개발과 시스템 고도화가 필수적이다. 동시에 중요하지 않은 업무를 줄이거나 과감히 없애고, 핵심 역량에 집중함으로써 서비스 품질을 높이고, 운영 비용을 절감하는 노력도 병행되어야 한다.

7

혼자 만드는
성공은 없다

누구에게나 아마추어 같은 시절이 있다

· · ·

2007년 KT에서 BM 심의위원회를 운영했다. 벤처회사들과
휴대인터넷 사업인 와이브로서비스WiBro service, 언제 어디에서나
고속의 무선인터넷 접속을 할 수 있도록 지원하는 휴대인터넷 서비스를 연결해
KT에 도움이 되는 제휴를 추진하는 자리였다. 그 과정에서
만난 회사 중 하나가 '위자드웍스Wizard Works'이다.

위자드웍스 대표를 만났을 때 충격을 받았다. 그는 나보
다 일곱 살이 어렸지만, '사람을 비춰 세상을 밝힌다'라는 자
신의 비전을 당당히 이야기하는 모습이 너무 멋있었다. 아

직 대학생이었던 그와 함께 일할 수 있을까 싶어 위자드웍스에 합류하기로 했다.

그곳에서는 개인화 포털을 개발하고 있었다. 네이버나 구글처럼 모든 사용자가 동일한 포털 화면을 보는 것이 아니라, 사용자가 필요한 포털을 직접 조합해 활용할 수 있도록 위젯을 통해 날씨, 메모, 뉴스 등을 맞춤 설정할 수 있도록 했다. 위젯 생태계를 구축하는 기술력은 인정받았지만, 수익을 내지 못하는 상황이었다. 당시 직원 대부분은 학생이었고, 월급은 100만 원에 불과했다. 나는 위젯 마케팅을 설계하고, 월 1억 원 이상 벌 수 있는 비즈니스모델을 만들어놓고 회사를 나왔다.

위자드웍스에서 나온 후, 나와 또래였던 동료 두 명과 함께 창업의 길을 걸었다. 내가 먼저 창업을 했고, 그들도 각자 창업을 했다. 그러다 사무실 비용을 아끼기 위해 비어 있는 주유소 2층 사무실에서 같이 일하기로 했다. 그때를 떠올리면 참 재미있다. 주유소 식구들이 이용하는 식당에서 함께 밥을 먹으며 지낸 기억들이 행복한 추억으로 남아 있다.

그러던 중 우연히 고등학교 때 친구를 다시 만나 연락을 주고받다가 '아이티에이치ITH'를 시작하며 함께 일하게 되었다. 당시에는 채용이라고 생각하지도 않았고, 지금처럼 스타트업이라는 용어도 거의 사용하지 않았다. 벤처에 가면 망한다는 분위기가 강했다. 월급을 받지 못하는 건 당연한 일처럼 여겨졌다. 우리는 마치 독립영화를 찍듯 새로운 걸 만들어보자는 마음가짐으로 일했다. 직업이라기보다는 취미나 동호회 느낌이었다. 아마추어 같으면서도 순수했던 시기였다.

같이 일하고 싶은 사람들

지금처럼 일반 직장인들이 벤처에 들어오는 경우가 매우 드물었기에, 함께 일할 사람을 구하는 게 너무 어려웠다. 그래서 지원하는 사람은 무조건 받았다. 이력서를 따로 필터링하지도 않았고, 누군가를 소개받으면 일단 만나서 어떻게든 꼬시는 시기였다.

리멤버 서비스를 만든 드라마앤컴퍼니DRAMA&COMPANY의 창업 멤버는 나와 디자이너, 개발자 이렇게 세 명이었다. 그중 디자이너는 이전 회사인 아이티에이치를 운영할 때, 블로그에 쓴 그의 글이 마음에 들어서 댓글로 연락했다. 그는 나와 카페에서 한 번 만난 뒤 합류를 결정했다. 개발자는 옆 사무실에 친구를 보러 놀러 왔을 때, HTML 코딩을 할 줄 안다는 소리만 듣고 나와 티타임을 가진 뒤, 다음 날부터 일을 시작했다.

삼쩜삼 서비스를 운영하는 자비스앤빌런즈의 시작은 고등학교 선배였다. 초기 리멤버 고객을 만 명 정도로 예상하고 서버를 만들었는데, 런칭 후 예상보다 더 많은 10만 명가량이 몰리면서 서버에 문제가 생겼다. 이미 고객들이 들어온 상황이라 서버를 정비하는 것도 쉽지 않았다. 그때 골목에서 우연히 아는 얼굴을 마주쳤다. "형, 여기 어쩐 일이에요?" 대학교 졸업 후 처음 만난 날이었고, 그에게 우리 서버 문제를 도와달라고 부탁했다. 리멤버에 합류해달라고 열심히 꼬셨지만, 내 꼬시기 역량이 부족해서인지 그는 오지 않았다. 그러나 자비스앤빌런즈를 시작할 때는 달랐다. 리멤버의 성공을 본 그는 흔쾌히 합류했다. 삼쩜삼을 만들 때 핵심적인 역할을 했던 동료는 2011년 그루폰코리아에서 만났던 마케터의 소개로 일주일 만에 합류한 케이스이다.

사업 초기에는 사람 뽑는 게 어렵다 보니, 누구라도 알게 되면 분기에 한 번 정도는 아무 이유 없이 만나서 밥을 먹고, 합류를 기다렸다. 대부분의 사람이 적어도 1년에 한 번 정도는 다니던 회사를 그만둘까 생각한다. 그 타이밍을 노려서 함께 일하자고 제안했다. 결국에는 거절한 사람이 훨씬 많았지만, 그런 노력 덕에 만난 인연들과 함께 지금의 회사를 만들었다. 이런 경험 때문인지 지금도 사람을 만나면 습관처럼 밥을 산다.

이제는 수많은 이력서를 필터링하고, 우리랑 핏이 맞네, 안 맞네 따져가며 뽑는데도 안 맞는 경우가 많다. 그냥 길 가다가 만나고, 누가 소개해주고, 옆 사무실에서 놀러 오고, 골목에서 마주치고… 그렇게 연이 닿은 사람들이 우리 회사에 들어와 적재적소에서 제 역할을 해주었다는 게 그저 신기할 따름이다.

낭만의 시대였다. 지금은 낭만이 많이 사라졌다. 프로세스가 그 빈자리를 대신 채워가고 있다. 그렇다고 지금이 다 별로라는 건 아니다. 예전에는 같이 일하면 너무 재미있을 것 같은 사람이 있어도, 같이 일하자고 말하는 게 미안했다. 연봉도 그렇고 미래도 불투명하니 그런 제안을 하기가 부담스러웠는데, 회사가 어느 정도 안정성을 가지고, 나도 여유가 생기니 같이 일하자고 말할 수 있게 되었다.

기준이 있어야
나아갈 수 있다

1

사업은
문제 해결의 연속이다

서비스는 런칭이 끝이 아니라 시작이다

● ○ ○

똑똑하지만 경험이 많지 않은 PM의 경우 대부분 기획부터 런칭까지는 잘하지만 그 뒷일에 대해서는 신경을 쓰지 않는 경우가 많다. 대개 런칭 후에는 서비스가 알아서 잘 돌아간다고 생각한다. 나도 서비스를 오픈하고 나면 "요즘 뭐 해요?"라는 질문을 많이 받는다. 런칭하고 1년이 지나도 특별히 달라진 게 없어 보이나 보다.

IT는 일단 런칭하고 나면 손댈 일이 별로 없다고 생각하기 쉬운데, 사실 지속적인 관리와 개선이 필수이다. 대기업에서도 서비스가 어느 정도 완성 단계에 이르면, 초기 개발과 런칭을 맡은 팀 외에 별도의 팀을 꾸려 런칭 이후의 유지보수나 운영을 담당한다. 이러다 보니 열정적이고 세밀한 초기 기획 개발 단계에 비해, 런칭 후 서비스의 지속적인 개선이나 관리에는 상대적으로 소홀해질 수밖에 없는 것이 현실이다.

하지만 본격적인 일은 서비스가 런칭되는 시점부터 시작된다고 생각한다. 서비스를 오픈하고 나면 할 일이 너무 많다. 서비스 반응이 좋으면 CS 관련 업무도 엄청나게 많아진다. 처음에는 CS 담당 직원이 없어서(맞다. 스타트업은 직원이 없다. 전부 내가 해야 한다) 내가 직접 고객 연락을 받았다. 초기 유저들은 서비스에 대한 애정이 많아서 이런저런 요청이 많다. 그래서 아예 내 전화번호를 알려주고 그들과 연락을 주고받은 적도 있다.

고객이 이 서비스를 어떻게 사용하는지, 어떤 환경에서 사용하는지, 어떤 점이 좋은지, 불편한 점은 없는지, 서비스가 어떤 상황에서 작동하지 않는지, 사용할 때 어떤 느낌을 받는지 등을 직접 고객에게 물어보면서 파악하려 했다. 실제로 서비스를 오픈하기 전에 유저 테스트를 진행해 발생할 문제를 예측하는 단계를 거친다. 그러나 유저 테스트는 회사에서 돈을 들여서 하는 실험적인 환경에서의 피드백이라 한계가 있다. 그에 비해 CS에서 발견되는 사례들은 유저들이 실제로 서비스를 사용하는 상황에서 나오는 진심 어린 피드백이라 매우 유용하다.

초기 유저가 열 명 이상 생기면 그들로부터 새로운 아이디어나 관심 있는 기능에 대한 의견을 받을 수 있었다. 때로 의견이 갈릴 때면 규모는 작지만 설문조사를 진행할 수도 있었다. 우리끼리 회의실에 앉아서 이러쿵저러쿵하며 싸우기보다는 고객에게 직접 물어보자고 해서, 회의실에서 고객과 스피커폰으로 통화하면서 의사결정을 내린 적도 있다. 이처럼 고객의 소리에 직접 귀를 기울이면 업무 진행에 상당히 속도가 붙는 경우가 많다.

예고된 위기의 신호탄

● ○ ○

리멤버는 고객이 10만 명이 넘어서자 서버가 서서히 뻗기 시작했다. 이는 초기 개발 단계 때부터 개발자가 경고했던 부분이었다. 서버는 한순간에 바로 뻗지는 않는다. 지진이 오기 전에 전조 현상이 있듯 서버가 뻗기 전에도 전조 증상이 있다.

처음에는 명함을 입력하는 타이피스트typist들이 하나둘 어드민 시스템이 느려졌다고 연락을 해왔다. 평소 한 시간에 50장 정도 입력 가능했던 속도가 30장 정도만 입력 가능한 속도로 떨어지면, 그에 따라 시간당 받을 수 있는 돈이 달라진다. 그렇기에 타이피스트들은 그 무엇보다 강력한 경보시스템이 아닐 수 없다. 신기하게도 타이피스트들에게 경고 전화가 열 통 넘게 온 다음 날이면 어김없이 서버가 뻗었다.

요즘에는 통합관제시스템을 이용하여 서버를 모니터링하지만, 돈도 없고 사람도 없고 시간도 없는 가난한 스타트업에서는 그런 것에 신경 쓸 여유가 없었다. 타이피스트의 경고를 시그널 삼아 위기를 감지하고, 자체적으로 해결하는 방식으로 근근이 서비스를 운영해나갔다. 주어진 상황에 맞춰 간신히 문제를 해결하며 보낸 시절이었다.

2

문제 해결은
강력한 동기부여다

문제 해결의 쾌감

• ○ •

내가 일하는 데 있어 가장 큰 동기는 문제 해결 그 자체에 있다. 어릴 때도 수학 문제 푸는 것을 좋아했다. 수학 경시대회에 나오는 어려운 문제를 풀려면 한 시간도 넘게 걸린다. 과학고에 가니 그런 문제를 나보다 잘 푸는 아이들이 널려 있었다. 하지만 일주일이나 한 달 동안 머리를 싸매고 매달려도 풀까 말까 한 정말 어렵고 복잡한 문제는 나 혼자만 풀어내는 경우가 종종 있었다. 문제를 '풀어야 한다'는 마음보다 '풀고 싶다'는 마음이 더 강했기에 가능하지 않았나 싶다.

그 시절의 나는 풀고 싶은 수학 문제를 머릿속에서 순서대로 하나씩 검토해나가면서 잠이 들었고, 아침에 눈 뜨자마자 다시 떠올리며 실마리를 찾아냈다. 선생님께 칭찬을 받거나 친구들에게 대단하다고 인정받기 위해서 하는 행동이 아니었다. 오래도록 답답하게 온몸을 조여오던 힘이 한순간 탁 풀릴 때 느껴지는 쾌감. 문제가 풀리는 순간 바로 그 쾌감이 찾아온다. 아마도 그 쾌감에 중독되었는지도 모르겠다. 그래서인지 수능에도 안 나오고 성적에도 득이 되지 않는 문제들에 더욱 마음이 끌렸다. 그런 문제들을 푸는 순간, 마치 세상의 비밀을 나 혼자만 알게 된 것처럼 짜릿한 기분이 들었다. 완전한 만족감을 얻었다.

이런 성향은 창업을 할 때도 그대로 이어졌다. 리멤버와 삼쩜삼을 운영하면서 크고 작은 문제들이 발생했지만, 하나하나 차근차근 실마리를 찾아 문제를 해결하는 과정이 괴로우면서도 동시에 즐거웠다. 누군가는 이런 나를 이상하게 볼 수도 있겠지만 정말 그랬다. 나에게 닥친 문제를 해결할 때마다 힘들고 고통스러웠던 만큼 기쁨도 컸다. 그리고 그 기쁨은 내가 또다시 앞으로 나아갈 수 있는 강력한 동기가 되어주었다.

리멤버에서 해결한 문제

○ ○ ●

명함을 입력하는 타이피스트를 어떤 방식으로 고용할까?

리멤버를 처음 시작할 때는 루틴이 있었다. 출근하자마자 한 시간, 퇴근 전 한 시간을 이용해 명함을 직접 입력하는 것이 목표였다. 초기에는 고객이 별로 없어서 그 정도 시간을 투자하는 것만으로도 당일에 명함을 다 입력하는 것이 가능했다. 하지만 점차 고객이 늘어나면서 두 시간에서 세 시간, 네 시간, 다섯 시간으로 작업 시간도 점점 늘어났다. 명함 입력이 나의 주 업무가 아닌데 말이다. 뭔가 방법을 찾아 문제를 해결해야 할 시점이었다.

사무실에서 일할 사람을 뽑든지, 재택근무할 사람을 두든지 해야 했다. 이에 관해 내부에서 많은 말들이 오갔다. 명함은 중요한 개인정보를 담고 있으니 직원을 사무실에 근무하게 해야 한다는 의견이 지배적이었다. 그러나 당시만 해도 회사에 상주하는 직원을 채용하기에는 다소 무리가 있는 상황이었다. 특히 새로 뽑은 직원이 만약 하다가 그만두기라도 하면 시스템 자체가 멈춰버리는 위험이 있었다. 그것만으로도 리스크가 컸다. 게다가 앞으로 서비스 규모가 커지면 그에 따라 입력 업무를 담당할 직원도 많아지고 사무실도 커져야 하는데, 이 부분 또한 우리가 감당할 수 있는 여력이 없다고 판단했다. 결국 직원 수를 늘리기보다 유연하게 운영할 수 있는 채용 형태를 고려하기로 했다.

리스크를 분산시키기 위해 재택근무를 할 아르바이트생 개념의 타이피스트를 뽑기로 결정했다. 결정한 지 한 시간 만에 바로 '알바천국'에 채용 공고를 게시했다. 명함 한 장 입력하는 데 약 1분, 내가 직접 해보니 한 시간에 50장 정도 입력할 수 있었다. 공고를 올린 지 두세 시간 만에 타이피스트를 뽑을 수 있었다.

그러나 실제로는 일하지 않는 타이피스트들이 굉장히 많았다. 열 명을 뽑으면 성실한 타이피스트는 한 명 정도 있었다. 그래서 이후에는 필요보다 10배나 많은 타이피스트를 뽑았고, 이들을 위해 업무매뉴얼도 만들었다. 명함별로 어떻게 처리해야 하는지 구체적인 방법을 담았다. 예를 들어, 삼성 명함의 경우 회사 이름을 'SAMSUNG'으로 할지 '삼성'으로 할지 등 어떻게 입력할지 안내하는 식이었다. 이를 통해 점차 업무의 효율성을 높여나갔고, 고용에 따른 리스크도 관리할 수 있었다.

어떻게 하면 타이피스트의
명함 입력 정확도를 높일 수 있을까?

리멤버에서는 일주일 단위로 서비스 개선을 위한 문제를 선정했다. 선정 방식은 간단했다. 당시 CS를 구글 폼으로 받고 있었는데, 거기에서 빈도가 높은 문제를 골랐다. 그중 하나가 명함 입력의 정확도 문제였다. 명함을 입력하는 타이피스트가 늘어나면서 정확도의 차이가 발생했다. 사람마다 꼼꼼함의 차이도 있고, 일의 숙련도도 저마다 다를 테니 어느 정도 예견된 문제였다.

현실적으로 타이피스트들이 입력한 데이터 전부를 일일이 검토할 수는 없었다. 그렇지만 타이피스트별로 정확도를 측정할 필요는 있었다. 매주 임의로 타이피스트별로 명함 열 개를 샘플링하여 엑셀로 표를 만들어 정확도를 점검했다. 표에는 이름, 휴대전화, 이메일, 주소 등을 포함해 정확한 입력 여부를 ○, ×로 하나하나 체크했다. 정확도 100%를 기준으로 6개를 틀리면 94%로 정확도를 산정하는 방식이다.

처음에는 타이피스트들에게 정확도를 리포트 방식으로 보내주었다. 누군가가 나의 작업을 보고 있다는 사실을 알

항목	1	2	3	4	5	6	7	8	9	10	정확도
이름	○	○	○	○	○	○	○	○	○	○	100%
휴대전화	○	○	○	×	○	○	○	○	○	○	90%
이메일	×	○	○	○	○	○	○	○	○	○	90%
전화	○	×	○	○	○	×	○	○	○	○	80%
팩스	○	○	○	○	○	○	○	×	○	○	90%
주소	○	○	○	○	○	○	○	○	○	○	100%
회사	○	○	○	○	○	○	○	○	○	×	90%
부서	○	○	○	○	○	○	○	○	○	○	100%
직책	○	○	○	○	○	○	○	○	○	○	100%
홈페이지	○	○	○	○	○	○	○	○	○	○	100%
총계											

리는 것만으로도 정확도가 눈에 띄게 개선되었다. 주기적으로 업데이트하며 점검해보니 정확도가 기존 대비 크게 향상되었음을 확인할 수 있었다. 그러다 타이피스트가 늘어나면서 나 혼자 감당하기 어려워져 검수 팀을 따로 꾸려 명함 입력의 정확도 문제를 지속적으로 해결해나갔다.

리멤버가 당면한 또 다른 문제는 명함이 업로드되기까지 고객이 느끼는 체감속도였다. OCR 방식의 경우에는 명함을 찍으면 바로 데이터가 업로드되지만 정확도가 다소 떨어지는 문제가 있다. 반면 리멤버는 사람이 직접 명함을 입력하기 때문에 정확도는 높지만 데이터가 업로드되는 속도는 살짝 느리다는 문제가 있다. 그렇다면 과연 언제까지 명함의 데이터가 업로드되어야 고객이 불편하다고 느끼지 않을 수 있을까?

일단 명함을 촬영해서 올린 뒤에, 명함을 쓰기 전까지만 데이터가 업로드되면 고객이 느끼는 체감속도는 느리지 않다고 생각했다. 그래서 명함 서비스의 최소 시간 단위를 하루 정도라고 보았다. 사실 사람을 만나서 명함을 받은 직후에는 명함을 볼 일이 없다. 보통 그날 저녁이나 다음 날 아침에 명함을 정리하며 애프터 메일을 보낼 때 다시 보는 경우가 많다.

처음에는 고객들이 명함을 촬영해서 올리는 순서대로 데이터를 업로드했다. 똑같은 속도로 올리는데도 불구하고 초기 고객들은 사람이 입력하니 너무 느리다며 업로드되는 게 맞는지 CS에 문의가 쇄도했다. 특히 리멤버를 처음 사용하는 고객일수록 명함 입력이 제대로 되는지 궁금해하면서 데이터 업로드 상황을 계속 체크하는 경향이 있었다. 아무래도 서비스에 대한 신뢰가 부족한 상태였기 때문일 것이다. 여기에 착안해서 리멤버를 처음 사용하는 고객은 무조건 빨리 데이터를 업로드해줘야겠구나 싶었다.

체감속도 개선을 위해 명함에 등급을 나누었다. 가입하고 나서 최초로 촬영해서 올린 명함은 1등급, 두 장에서 열 장까지는 2등급 등 모두 10등급으로 나눠서 데이터 업로드의 우선순위를 두었다. 최초 명함은 소위 새치기하는 방식인 셈이다. 얼마 후, CS에 진짜 사람이 입력한 것이 맞냐는 질문이 올라왔다. 그만큼 리멤버 최초 가입 고객은 거의 실시간으로 명함이 입력되고 있다고 느낀다는 생각이 들자, 문제를 제대로 해결했구나 하는 기쁨이 찾아왔다.

추후 고객 수가 큰 폭으로 증가하면 지금과 같이 타이피스트를 고용해서 명함 데이터를 입력하는 데 드는 비용이 너무 커지는 리스크가 발생할 수 있다. 이를 대비해 기존 데이터베이스를 활용하는 방법도 구상해두었다. 우리가 보유

한 명함 데이터베이스가 1,000만 장 정도 되면, OCR 방식으로 업로드해도 정확도 문제를 해결할 수 있다. OCR 방식으로 명함을 스캔하면 숫자 '0'과 알파벳 'O'를 헷갈리거나 '6'과 '8'을 잘못 입력하는 경우가 많은데, 사람들은 대체적으로 이메일주소나 전화번호를 잘 바꾸지 않는 경향이 있으므로, 이 정도는 이제 자체 기술로 충분히 커버할 수 있다. 그렇게 되면 결과적으로 인건비 부담을 줄일 수 있게 된다.

타이피스트와 명함의 수를 어떻게 안정적으로 유지할까?

하루에 명함이 만 장 들어오면 1인당 100장을 입력할 수 있다고 계산해서, 타이피스트를 100명 뽑았다. 하지만 고객들이 올리는 명함의 수가 일정하지 않은 것이 변수로 작용했다. 타이피스트가 너무 많으면 입력할 명함이 없고, 그렇다고 타이피스트가 너무 적으면 입력할 명함이 쌓여가는 문제가 발생했다. 타이피스트도 입력할 명함이 항상 있어야 루틴처럼 일정하게 입력하는데, 한번 루틴이 깨져버리면 그냥 입력 자체를 포기하고 업무에서 이탈하고 만다. 타이피스트의 수에 비례해 입력해야 하는 명함의 수를 안정적으로 유지하는 것이 중요했다.

입력의 우선순위가 낮아도 되는 명함들이 늘 있으면 타이피스트를 여유 있게 뽑아도 괜찮지 않을까 싶었다. 여기에서 아이디어를 얻어 만든 것이 바로 '대량 명함 서비스'였다. 회사로 다량의 명함을 보내오면 직접 스캔해서 명함을 정리해주었다. 단, 데이터 업로드는 실시간이 아닌 열흘 정도 뒤라는 조건을 붙였다. 돈을 벌려고 시작한 건 아니었지만, 직접 해보니 작업량이 많아서 명함 한 장당 50원을 받고 진행했다.

한번은 명함 몇만 장이 사과 상자에 담겨 회사에 도착하기도 했다. 고객이 그동안 명함을 버리지 못한 까닭은 아마도 명함이 단순한 종이가 아니라 네트워크 그 자체였기 때문일 것이다. 그것을 가치 있는 정보로 전환해주니 고객의 반응도 좋았다. 무엇보다 대량 명함 서비스로 인해 명함을 안정적으로 공급하여 명함과 타이피스트 간의 균형을 이룰 수 있게 되었다는 점에서 또 하나의 문제를 해결했다는 뿌듯함이 밀려왔다.

삼쩜삼에서 해결한 문제

● ○ ○

서비스를 만들지 않고도 사람들이
이 서비스를 쓸지 안 쓸지 알 수 있을까?

여러 번 망해보니까 '서비스를 내놨을 때 사람들이 쓸지 안 쓸지 미리 알 방법은 없을까?'라는 다소 엉뚱한 의문이 들었다. 그것만 미리 안다면 망하는 서비스는 애초에 만들지 않을 텐데 말이다. 단순히 망하기 싫어서라기보다, 서비스를 만드는 데 들인 모두의 시간과 돈과 노력과 애정이 아까워서다. 그래서 실제 서비스를 만들지 않은 상태에서 사람들이 해당 서비스를 사용할지 여부를 미리 알 수 있는 방법에 관해 진지하게 고민하기 시작했다.

가장 먼저 든 생각은 '사람들이 서비스를 이용하기 위한 결정을 어떤 순서로 하는가'였다. 나는 스스로 고객이 되어 서비스를 이용하는 처음과 끝을 따라가보았다. 일단 고객은 키워드광고, 배너광고 등 각종 광고 링크나 SNS 또는 지인 추천 등의 경로를 통해 서비스에 진입한다. 그런 다음 랜딩 페이지에서 '가입하기' 버튼을 눌러 회원가입을 한 뒤, 서비스를 이용해보고 앱 설치 단계로 나아간다. 반면 우리는 보통 서비스를 만들고 나서 홈페이지를 만들고, 그다음에 마케팅을 한다. 우리가 서비스를 만드는 방식과 고객들이 서비스와 만나는 방식이 정반대인 것이다.

이 사실을 알고 난 후, 광고부터 테스트했다. "세금 환급해 드려요"라는 광고에 관심을 보이는지, 서비스가 매력적으로 보이는지 등을 파악할 수 있었다. 나는 사람들에게 서비스를 직접 이용해볼 수 있게 해주고 싶었다. 어차피 세금 환급 서비스는 인풋과 아웃풋만 있으면 되니, 굳이 완벽히 완성된 서비스를 만들지 않아도 가능한 일이었다. 좀 더 쉽게 설명하자면, 카카오톡 채팅창에서 고객이 세무사에게 홈택스 아이디와 패스워드를 건네면, 세무사가 환급금이 얼마라고 알려주는 식이다. 회사 입장에서는 노가다이지만, 고객 입장에서는 매우 유용한 서비스라고 생각했다.

초반에는 별도의 결제수단을 설정하지 않고, 고객이 세금 환급금을 받고 싶으면 회사 계좌로 수수료를 입금하는 방식으로 운영했다. 주변에서는 "너무 없어 보인다", "무슨 서비스가 이러냐", "회사 계좌번호를 공개하면 어떡하냐" 등 반발이 심했지만, 결제수단을 개발하는 데 시간을 쓰는 대신 빠르게 서비스를 테스트하는 것이 중요해 강하게 밀어붙였다.

사업에서는 문제 해결이 가장 중요하다. 전형적인 방식으로 해서는 해결이 어렵다. 기존의 방법으로는 해결이 안 되니까 문제가 발생한 것이다. 결제를 하려면 사람들이 안전하다고 느껴야 하는데, 회사 계좌번호를 알려주는 방법으로는 고객의 신뢰를 얻기가 어려웠다. 채팅창에 뜬 계좌번호를 누가 믿고 입금할 것인가. 과연 나라면 입금할 수 있을까? 그러나 보이지 않는 선을 넘고 틀을 깨야 한다. 내가 가진 선입견을 과감하게 버려야 문제 해결의 실마리를 잡을 수 있다. 리멤버도 사람이 입력한다는 사실이 선을 넘는 행동이었다. 서비스를 만들지도 않았는데 광고를 하고 서비스를 제공하는 것도 틀을 깨는 행동이었다(완성형 서비스가 개발이 안 되었을 뿐이지, 실제로 고객이 원하는 정보는 충분히 제공해줄 수 있었으므로 결코 고객을 속이는 행위는 아니었다. 또한 모든 서비스는 개인정보처리방침에 관한 고객의 동의를 받고 제공했음을 밝히는 바이다).

다른 사람들은 안된다고 생각하는 것. 아니, 어쩌면 개념적으로든 기술적으로든 안 될 것 같은 것. 바로 거기에서 벗어날 때, 다른 사람들은 풀지 못했던 문제를 나는 해결할 수 있게 된다.

외부의
불만족이 있더라도
멈추지 않고
문제 해결을
시도하며,
동료들은 이를
신뢰하고 지지한다.

we make your money
we save your time
we find your right

Jobis&Villains

3

AI 시대,
서비스는 무엇이 달라질까

AI를 비즈니스로 만들기 위해서는

● ○ ●

요즘 AI가 단연 화두다. AI 전문가도 너무 많아져서 조심스럽기는 하지만, 기술 그 자체보다는 AI를 비즈니스 측면에서 어떻게 바라볼 수 있는지에 대해 이야기해보고 싶다. 내가 처음 창업을 시작했던 2009년은 아이폰이 세상에 등장한 지 얼마 안 된 시기였다. 당시 창업 트렌드는 '웹 2.0'이었다. 웹 2.0은 개방, 참여, 공유의 정신을 바탕으로 사용자가 직접 정보를 생산하고 양방향으로 소통하는 웹 기술을 뜻한다. 게시판, 댓글, 블로그, 지식백과 등이 그 대표적인 예다.

미투데이나 트위터 같은 서비스가 주류를 이루었다. 하지만 지금 우리나라의 웹 2.0 서비스는 대부분 사라졌고, 오히려 당시에는 주류가 아니었던 모바일 서비스가 크게 성공을 거두고 있다. 그 대표적인 사례가 배달의민족과 쿠팡이다.

재미있는 점은, 당시 많은 엔지니어들이 배달의민족 서비스를 무시했다는 것이다. 배달의민족 창업자는 디자이너 출신으로, 엔지니어들과는 완전히 다른 시각에서 서비스에 접근했다. 이후 모바일은 대세가 되었고, 모바일 기반의 서비스들이 시장을 주도해나갔다. 사실 쿠팡도 처음부터 모바일 중심 서비스는 아니었다. 이미 G마켓, 11번가 같은 강력한 커머스 플랫폼이 존재했고, 쿠팡은 그저 여러 소셜커머스 중 하나에 불과했다. 틈새시장을 노린 비주류 서비스 정도로만 여겨졌다. 그러나 시간이 흐른 지금, 쿠팡은 명실상부한 모바일커머스 시장의 주류가 되었다.

AI도 이런 흐름 속에서 바라봐야 한다. 업계에서는 AI 기술이 어디까지 발전했는지, 어떤 모델이 유망한지를 궁금해한다. 반면 고객들은 사실 기술 자체에는 큰 관심이 없다. 새로운 AI 기술이 등장하면 제일 먼저 반응하는 곳은 엔지니어 커뮤니티이다. 창업자 커뮤니티에서는 미래를 살릴 기술이라며 AI 기술에 관한 깊이 있는 논의가 오간다. 그러나 그 안에서 주류라고 여겨지는 AI 기술과 AI 시대가 본격화되었을 때 시장에서 진짜 주류가 되는 서비스는 전혀 다를 수 있다. 솔직히 말해 현시점에서 그것을 정확히 예측하기는 매우 어렵다.

다만 AI 시대를 미리 준비해야 한다고 믿는 이유는 명확하다. 과거 앱 중심 시대가 도래했을 때를 떠올려보면, 성공한 회사들이 처음부터 주목받은 건 아니었지만, 적어도 변화의 흐름 속에 있었던 것은 분명하다. 단적인 예로, 싸이월드는 모바일 전환에 실패했고, 배달의민족과 쿠팡은 성공했다. 2013년만 해도 쿠팡은 곧 망한다는 소문이 돌 만큼 전망이 좋지 않았다. 하지만 그 시점에 쿠팡은 과감하게 기술에 대한 투자를 결정했고, 이후 급격한 성장을 이루었다. 배달의민족 역시 마찬가지였다. 새로운 CTO를 영입하면서 기술 기반의 성장을 본격화했고, 엔지니어링 역량을 갖추기 위해 많은 노력을 기울였다.

무엇보다 균형이 중요하다. 서비스는 기술만으로 돌아가지도 않고, 기술 없이 돌아가지도 않는다. 성공적인 서비스란 고객이 서비스를 완벽하게 받아들였다는 뜻이다. 다시 말해, 대중성을 확보했다는 의미이다. 이때 기술은 그것을 안정적으로 뒷받침하는 역할을 한다. 내가 주로 주목하는 전략은 시장을 먼저 찾아내고, 그 시장을 기술로 백업하는 방식이다. 물론 엔비디아NVIDIA처럼 기술이 시장을 선도하는 전략도 존재하지만, 한국에서는 쉽지 않은 방식이라고 본다.

기회는 여전히 많다. 현재 우리가 떠올릴 수 있는 대중화된 AI 기반 B2CBusiness to Consumer, 기업과 소비자 간 거래 서비스는 거의 없기 때문이다. AI 전문가들은 활발히 논의하고 있지만, AI 에이전트를 기반으로 대중성을 확보한 서비스는 아직 보지 못했다. 결국 누가 먼저 시장을 찾아내는지가 관건이다. 배달의민족이 모바일이라는 변화 속에서 배달 시장을 발굴했고, 쿠팡이 소셜커머스에서 출발해 빠르게 모바일 커머스로 전환했던 것처럼 말이다.

AI보다 중요한 것

● ○ ○ ●

자비스앤빌런즈의 입장에서 AI 서비스를 구체적으로 살펴보자. 많은 사람이 '세금'이라고 하면 매우 좁은 의미로 받아들인다. 한 단계 더 들어가면, 일반 소비자가 생각하는 세금과 세무 전문가가 바라보는 세금 사이에는 커다란 간극이 있다. 세무사가 보는 세금은 전문적이고, 정확해야 하며, 세법에 대한 깊은 이해가 필요한 영역이다. 반면, 소비자는 세금을 복잡하고, 귀찮고, 감정적으로 불편한 것으로 느낀다. 국세청은 마치 내 돈을 가져가기만 하는 기관처럼 느껴지고, 세무사는 쉽게 다가가기 어려운 존재로 인식되곤 한다. 그래서 세무에 AI를 적용하는 서비스를 시작할 때, 단순히 '어떻게 하면 고객에게 더 전문적인 세무 서비스를 제공할 수 있을까?'가 아닌 '어떻게 하면 고객이 세금에 대해 느끼는 감정적인 장벽을 허물 수 있을까?'의 관점에서 출발했다.

과거의 기술로는 이 문제를 해결하기 어려웠지만, 이제 AI가 인간의 감정적인 부분까지 다룰 수 있게 되면서 새로운 시장의 가능성이 열리고 있다. 그렇기에 우리는 서비스를 더 넓은 개념으로 보고, 감정을 다루는 새로운 방식의 AI 서비스를 할 때가 왔다고 생각한다. 배달의민족이 모바일에서 성공할 수 있었던 이유는 단순히 앱을 잘 만들어서가 아니다. 배달 시장의 성장 가능성에 대한 소상공인들의 인식 변화와 더불어 라이더 운영과 관리 체계 등 배달 생태계 전반에 걸친 변화가 함께 이루어졌기에 가능했던 성공이다.

새로운 기술이 등장하면 사람들은 그 기술 자체에만 집중하는 경향이 있다. 물론 AI는 중요한 기술적 요소이지만, 진짜 핵심은 AI를 중심으로 한 밸류 체인value chain, 기업활동에서 부가가치가 생성되는 과정을 어떻게 구축하는가에 달려 있다. AI만으로는 가치를 만들어낼 수 없다. 쿠팡 역시 마찬가지다. 전날 주문하면 이튿날 새벽에 도착하는 로켓배송, 이를 가능하게 하는 물류센터 인프라, 고객 응대를 포함한 운영 시스템 전반의 혁신이 있었기에 지금의 쿠팡이 존재할 수 있었다. 배달의민족 이전에는 배달 가능한 음식이 짜장면, 치킨, 피자 정도에 그쳤다면, 배달의민족 이후에는 파스타, 팥빙수, 커피, 회까지도 배달이 가능해질 만큼 배달 시장 자체가 완전히 새롭게 재정의되었다.

세금 서비스도 다르지 않다. 세금도 중요하고, AI도 중요하지만, 이 모든 것을 아우르는 밸류 체인 안에서 서비스가 어떻게 작동하는지를 명확히 이해하고, 그 진화 과정을 고객 중심으로 잘 조직해내야, 이 시대의 고객이 진정으로 체감할 수 있는 새로운 가치를 창출할 수 있다.

4

초집중과
무관심

절박함이 만든 초집중의 힘

○ ○ ○

리멤버는 두 번째 창업에서 시도한 세 번째 아이템이었다. 리멤버를 시작할 무렵에는 자금이 거의 다 떨어져서 사무실 보증금 3,000만 원을 담보로 아버지께 돈을 빌렸다. 딱 두 달 정도 더 버틸 수 있을 자금이었다. 삼쩜삼이 만들어졌던 2019년 말, 2020년에도 상황은 크게 다르지 않았다. 어지간한 투자자들에게 다 까인 상태였다. 남은 돈으로 최선을 다해보고, 그래도 잘 안되면 접어야겠다고 마음을 먹었다. 그런데 성공했다. 두 번 다 그랬다. 단순한 우연일까. 왜 마지막 순간이라고 생각했을 때 일이 풀리는 걸까. '배수의 진' 같은 절박한 상황이 성공에 도움이 되는 걸까.

사실 성공의 경험이 두 번뿐이어서 일반화하기는 어렵다. 그럼에도 불구하고 그때를 돌이켜보면 나름 그 상황에서 성공에 도움이 되었던 것은 다름 아닌 초집중할 수 있는 환경이 아니었나 싶다. 주변 사람들이 나에게 무관심하고, 나도 타인에게 신경 쓸 필요가 없는 상황. 심지어 팀 내 구성원들조차 서비스에 전혀 관심이 없는 상태라고 한다면 이해가 될까. 반대로 일이 잘 풀릴 것 같은 분위기에서는 다양한 사람들이 관심을 보인다. 그때는 투자자가 먼저 만나자고 하고, 미디어에서도 인터뷰 요청이 쇄도하고, 강연 제안도 들어온다. 그러나 몇 번의 실패 후에는 아무도 나를 찾지 않는다. 기존 투자자는 원금 회수가 불가능한 상황이라 서로 민망해서 만나지 못하고, 새로운 투자자는 투자를 안 해줄 것 같으니 안 만난다. 기존 투자자도 손실 처리를 하고 나면 나에 대한 관심은 사실상 완전히 사라진다.

내부 상황도 비슷하다. 서비스가 잘되고 있을 때는 팀원들도 의욕이 넘친다. 저마다 해보고 싶은 프로젝트나 아이디어를 마음껏 쏟아낸다. 그러나 여러 번 망하고 나면 전투력을 완전히 상실한다. 뭘 해도 만사 귀찮고 시큰둥한 표정의 직원들과 마주하게 된다. '회사 돌아가는 상황을 보니 마지막인 것 같은데 대표가 해달라는 거 그냥 해주자.' 이런 마음으로 일하는 것 같다고나 할까. 리멤버 개발자들에게도 명함 서비스를 해보면 어떨지 물었을 때 뜨뜻미지근한 반응이었다. "개발자들끼리는 명함을 주고받는 일이 잘 없어서 이 서비스가 잘될지는 모르겠지만, 만드는 건 어렵지 않습니다"라는 답변이 돌아왔다. 재미는 없겠지만 만들어달라면 만들 수는 있다는 무미건조한 대답이었다.

삼쩜삼도 원래 진행 중이던 자비스 서비스에서 몇 명만 임시로 팀을 꾸려서 외주 느낌으로 일하다가 만들어진 서비스였다. 팀원들뿐만 아니라 나 역시 에너지가 고갈되어 꾸역꾸역 해나가는 중이었는데, 어느 순간 개인적으로 뭔가 오기가 생겼다. 어떻게든 잘 마무리해야겠다는 마음이 들었다. 이런 식으로 흐지부지 끝내는 건 도망치는 느낌이었다. 제대로 된 은퇴 경기도 없이 삼진아웃을 당하고 홧김에 그라운드를 떠나고 싶지 않았다. 다음 시작을 위한 좋은 마무리가 필요했다. 투자자도 있고 팀원들도 있는 상황에서 제대로 끝맺음을 해야 새로운 도전도 가능할 것 같았다. 그렇게 패색이 짙은 경기 막바지에 투입된 마무리 투수처럼 나는 최선을 다해 경기를 잘 마무리하기로 결심했다.

무관심할수록 단순해진다

그 무렵 나는 에너지가 없는 무관심의 상태인지라 정신적으로 초미니멀리즘을 추구하지 않을 수 없었다. 세금 환급 서비스에 관한 요청을 받으면 으레 아이디어를 덧붙이게 된다. 생각을 할수록, 시간이 지날수록 기획은 점점 커지기 마련이다. 그러나 내가 서비스에 무관심한 상황이면, 나조차도 아이디어를 덧붙이지 않는다. 오히려 '이거 안 해도 되지 않을까?' 하는 생각만 든다. 정말 하기 싫으니까 진짜 꼭 필요한 부분만 남기고, 안 넣어도 되는 것들은 일단 모두 빼버렸다. 초기 삼쩜삼은 '탈퇴하기' 버튼조차 없었다. 탈퇴를 원하는 사용자는 고객 센터에 전화를 걸어야만 탈퇴할 수 있었다. 회원가입도 절차가 복잡하지 않았다. 초창기 삼쩜삼 로그인 방식은 카카오톡 로그인밖에 없었다. 개발자들이 물었다. "구글은요? 네이버는요?", "카카오톡을 사용하지 않는 사람은요?"라고 말이다. 나는 일단 카카오톡 로그인을 통해 빠르게 서비스를 오픈한 후, 나중에 천천히 다른 방식을 도입하자고 했다. 수수료 결제 역시 처음에는 회사 계좌번호를 이용하다가, 이후에는 토스 결제만 가능하도록 했다.

리멤버도 그랬다. 명함은 보통 앞면과 뒷면으로 구성되어 있는데, 캠카드 앱은 명함의 앞면을 먼저 촬영한 후 뒷면을 촬영하게 되어 있다. 성공 여부가 불투명한 우리 서비스에 군이 양면 촬영 기능을 구현하는 것이 번거롭게 느껴졌다. 주요 정보가 담긴 한쪽 면만 찍으면 충분하다는 생각에, 일단 명함 앞면만 촬영하는 방식으로 개발을 진행했다. 하지만 삼성 명함은 앞면과 뒷면에 각각 다른 정보가 기재되어 있어 양면을 모두 촬영해야 했다. 우스갯소리지만, 그래서 리멤버를 운영하는 동안 삼성 명함을 싫어했다. 게다가 명함의 형태도 세로형과 가로형이 혼재되어 있었다. 세로형 명함과 가로형 명함의 비율은 서로 다르지만, 세로형 명함을 가로 방향으로 촬영해도 무방하다고 판단했다. 결과적으로 서비스가 다소 단순해 보일 수는 있으나, 사용에는 지장이 없도록 구현했다.

만사에 무관심하고 에너지를 쓰기 싫어지는 것의 장점은

아이러니하게도 가장 효율적으로 일할 수 있게 된다는 것이다. 에너지가 부족해 하루에 집중해서 일할 수 있는 시간이 한두 시간밖에 안 되니, 스스로에게 '정말 꼭 해야 하나?'라는 질문을 끊임없이 던졌다. 예전에는 CS를 통해 들어오는 고객들의 요구에 민감하게 반응했다. 되도록 고객들이 원하는 기능을 다 구현해주려고 노력했지만, 이제는 귀찮아졌다. 일이 하기 싫어지는 것의 장점은 중요하지 않으면 안 하게 된다는 것이다. 초집중과 무관심, 서로 정반대의 개념처럼 보이지만, 적어도 나에게만큼은 일에 있어 선순환의 고리를 만들어주는 원동력이다.

모두가 동의하는 서비스는 세상에 없다

● ।। ●

어떤 일을 할 때 모두가 동의하거나 좋아하는 일은 없다는 것을 깨달았다. 리멤버의 경우 사람이 직접 데이터를 입력하는 방식으로 가자고 하자 개발자들이 창피해했다. 실제로 개발자가 개발한 것이 너무 없어서 부끄럽다고까지 했다. 나의 경우에는 어느 교수님에게 이런 말도 들었다. "카이스트

출신이면 문제를 기술로 해결해야지, 그걸 사람이 처리하면 어떡합니까. 그건 누구나 할 수 있는 일 아닙니까?" 돌이켜보니 참 상처가 되는 말을 많이도 들었다.

하지만 욕을 좀 먹으면 어떤가. 내가 힘들어 죽겠는데 말이다. 그 당시 내 마음은 이랬다. 이미 빚이 1억 원이나 돼서 힘든데, 여기에 빚을 100만 원 더 지나, 1,000만 원 더 지나 무슨 차이가 있나 싶었다. 예전에는 고객들이 이런 게 불만이고 저런 건 고쳐줬으면 좋겠다 하면, 그 오점을 얼른 없애고 싶었다. 또 야근이 많다거나, 휴가가 없다거나, 기획이 너무 자주 변경된다거나, 일하는 프로세스를 개선하면 좋겠다거나 하는 직원들의 말을 들으면 하나하나가 너무 신경이 쓰여 해결해주기 전까지는 다른 일이 손에 잡히지 않을 지경이었다. 그런데 투자자에게 계속 까이고, 서비스도 잘 안될 것 같으면 자포자기하게 된다. 직원들도 어차피 이 서비스가 실패하면 회사가 망할 게 뻔히 보이니 일찌감치 마음을 내려놓는다.

삼쩜삼을 런칭할 때, 처음에는 공인인증서를 사용하는 방향으로 개발을 하는 데 한 달 정도 걸렸다. 개발을 완료한 후 유저 테스트를 진행했는데, 공인인증서 로그인 단계에서 대다수 고객들이 서비스 이용을 포기하는 모습을 확인했다. 이대로 런칭하면 안 되겠다는 판단에, 런칭 일주일 전 직원들에게서 쏟아질 엄청난 비난을 감수할 각오로 공인인증서 방식을 제거하자고 제안했다. 그 대신 홈택스 아이디와 패스워드를 입력하는 방식으로 전환하자고 하는 순간, CTO의 얼굴이 새파랗게 변했다. 개발 막바지라 이미 몸과 마음이 초주검 상태인데, 서비스 오픈 일주일 전에 전면 수정이라니. 날벼락도 이런 날벼락이 없었을 것이다. CTO가 곧 사직서를 들고 나에게 달려올 것만 같았다. 회사 분위기가 좋을 때라면 나도 아마 그런 제안은 하지 못했을 것이다. 하지만 당시에는 이렇게 망하나 저렇게 망하나 어차피 망하는 건 매한가지라고 생각했다. CTO가 회사를 관둬서 망하나 고객이 없어서 망하나, 내 입장에서는 그게 그거였다.

그냥 한 번만 해달라고, 제발 마지막이니 해달라고 사정사정했다. 사색이었던 CTO의 얼굴이 차츰 제 낯빛으로 돌아왔다. '그래, 김범섭 대표의 마지막 서비스인 것 같은데 내가 그냥 해준다'라는 마음이었는지 고맙게도 CTO가 해보겠다고 했다. 마지막이라는 수세에 몰리지 않았다면 나도 그렇게까지 매달리지는 못했을 것이다. 어쩌면 자비스앤빌런즈의 이름으로 세상에 내놓는 우리의 마지막 프로젝트일지도 모르니, 그래도 최소한 '성공한 실패'는 되게 해야 한다고 생각했다. 소위 말하는 '졌잘싸'졌지만 잘 싸웠다'를 줄여 이르는 말'가 내가 지키고 싶은 마지막 자존심이었다. 직원들에게 욕 좀 먹는 건 나에게 더 이상 중요한 문제가 아니었다.

삼쩜삼 출시 초반에는 고객들에게 서비스에서 탈퇴를 못 하게 만들었다고 욕을 많이 먹었다. 또 공인인증서를 사용하지 않으니 홈택스에 접속해 수임 동의를 거치는 과정이 필요했는데, 이 과정 역시 비판의 대상이 되었다. 이렇게 불만을 제기하는 고객들도 많았지만, 반면에 그 과정 덕분에 세금을 환급받을 수 있게 되어 만족하는 고객들도 많았다. 바로 이 고객들이 느낀 만족이 우리 서비스의 가치이다. 우리는 그렇게 우리만의 가치를 만들어나갔다.

결국 서비스가 잘 안될수록 '우리가 지켜야 하는 고객은 누구인가?'라는 질문이 더욱 선명해진다. 고객들이 실제로 서비스를 이용하며 가치를 느끼는 과정에 집중했다. 20개의 서비스를 말아먹으면서 '적어도 서비스는 이래야 한다'는 가치와 기준이 내 마음에 굳은살처럼 단단하게 자리를 잡았다.

서비스를 많이 만들어보거나 자주 창업을 해본 사람이라면 안다. 스타트업 생태계에서 회사도 서비스도 열에 하나 간신히 성공할까 말까 한다는 사실을. 희박한 성공 가능성에도 불구하고, 초창기에 만든 서비스보다 나중에 만든 서비스가 더 잘되는 이유는 바로 뼈저린 실패를 통해 온몸으로 터득한 자신만의 기준이 있기 때문이다. 그 최소한의 기준은 내 마음속 깊이 뿌리를 내려서, 어떤 풍파에도 흔들리지 않게 나를 지탱해주는 강력한 힘이 되어준다.

5

어떻게 원하는 것을
얻는가

원하는 것을 모르기 때문에 불만족한다

● ○ ●

"아빠, 오늘 회사 안 가?"

"두 시간 이따가 가는데, 왜?"

"잘됐다. 그럼 나랑 오목 두자."

"어? 그… 그래."

아들은 오목을 좋아한다. 최근 바빠서 아들과 함께하는 시간이 줄어 마음이 무거웠기에, 오목을 두면서 즐거운 시간을 보내기로 했다. 그런데 불과 얼마 전까지만 해도 나와 실력이 엇비슷하거나 내가 우세한 순간이 더 많았던 것 같은데, 오늘은 양상이 전혀 달랐다. 예전 같으면 내가 한 번 이기면 아들이 한 번 이기면서 승패가 쉽게 판가름 나지 않았는데, 그날따라 내가 연달아 두 번을 지고 말았다. 고민 끝에 신중하게 한 수를 놓았는데, 아들이 씩 웃으며 말을 걸었다.

"와, 아빠가 졌다."

"아들, 아빠에게 한 수만 물러주라."

"아빠, 무슨 소리야. 낙장불입 몰라?"

"아들, 너 여기서 이렇게 게임 끝내고 싶어? 아빠랑 재밌게 오목 두고 싶은 거 아니야? 한 수만 물러주면 우리 계속 오목 둘 수 있는데, 그냥 이렇게 끝내는 게 좋겠어?"

아들은 나와 오목을 둬서 이기고 싶은 게 목적이 아니었다. 아빠와 오목 두는 시간 자체가 아들에게는 소중했다. 나는 정확히 그 부분을 공략했다. 결국 나와 오목을 오래 두고 싶었던 아들은 내 요청대로 한 수를 물러주었다. 그렇게 구차하게 한 수 물렀는데도 나는 아들에게 처참하게 졌다.

아들에게 "너 여기서 이렇게 게임 끝내고 싶어?"라고 말할 수 있었던 것은 스튜어트 다이아몬드Stuart Diamond의 《어떻게 원하는 것을 얻는가》 덕분이었다. 원하는 것을 얻으려면 먼저 내가 원하는 것이 무엇인지 명확히 알아야 한다. 요즘 어떻게 지내냐는 질문에, 모든 일이 내 뜻대로 되지 않는다고 대답하는 사람이 있다. 회사, 가족, 동료에 불만을 품고 있다면 그 불만의 근본 원인에 대해 다시 생각해볼 필요가 있다. 왜 나는 불만족한 상태일까? 그 이유는 어쩌면 내가 원하는 것을 얻지 못했기 때문일 것이다. 그렇다면 과연 내가 원하는 것은 무엇일까? 대개는 내가 원하는 것이 무엇인지 모르는 탓에 불만에 빠지는 경우가 많다. 이 점을 자각하지 못하면, 다 덮어놓고 무조건 나는 되는 게 하나도 없다고 불평만 한가득 늘어놓기 십상이다.

실제로 우리는 원하는 것을 얻지 못해서가 아니라, 원하는 것이 무엇인지 모르기 때문에 불만족하는 경우가 많다. 원하는 바가 명확하지 않으면 옷차림, 말투, 표정, 눈빛 등 아주 사소한 것들에서도 쉽게 불만을 느끼게 된다. 따라서 불만족한 상황을 해결하려면, 내가 원하는 바를 명확히 해야 한다. 내가 회사를 어떻게 이끌고 싶은지, 투자를 얼마나 받고 싶은지, 어떤 고객층을 늘리고 싶은지, 매출을 언제까지 얼마나 증가시키고 싶은지, 어떤 비전과 스펙을 가진 인재를 채용하고 싶은지 등 목표부터 구체적으로 분명히 해야 한다. 정확히 원하는 바가 분명해지면, 사소한 말투나 표정 따위는 더 이상 눈에 들어오지 않는다. 목표를 이룰 수 있다면, 욕을 들어도 괜찮다. 누군가 나를 무시하는 표정을 지어도 신경 쓰이지 않는다. 나는 내가 원하는 바를 이룰 수 있게 해준 모든 것에 오히려 감사할 수 있다.

내가 만족하지 못하면 무의미하다

사실 해야 하는 건 많다. 원하는 것도 많다. 이럴 때는 신이 내게 찾아와 이렇게 묻는다고 생각해본다. "지금 네가 가장 바라는 것이 무엇이냐? 딱 하나만 들어줄 테니 그게 무엇인지 말해보거라." 이때 말하는 것이 바로 내가 원하는 것이다. 현재 내가 자비스앤빌런즈에서 원하는 것은 '매출과 영업이익 증가'이다. 그런데 내가 그렇게 말한다고 해서 간혹 그 자체를 나의 정체성으로 오해하는 사람이 있다. 김범섭 대표는 매출만 중요하냐는 식으로 말이다. 물론 장기적인 관점에서 내가 원하는 것은 '영속 가능한 회사'를 만드는 일이다. 좀 더 구체적으로 말하면, 내가 죽은 뒤에도 살아 있는 회사로 만드는 것이 목표이다. 그러기 위해서는 내가 살아 있을 때 사업도 확대해야 하고, 외부 리스크 요인도 해결해야 하고, IPOInitial Public Offering, 기업공개도 해야 하고… 해야 할 일이 참 많다. 그렇지만 현재 원하는 것은 '매출과 영업이익 증가'이다. 이것이 나의 1순위이다. 아니, 0순위이다. 그럼 또 주위에서 이렇게 말한다. "그럼 가입자 수는 안 중요한가요?" 물론 중요하다. 하지만 우선순위가 다르다. 그리고 그 우선순위는 영원불변한 것도 아니다.

　나와는 다르게, 원하는 바를 솔직하게 말하지 못하는 사람도 많다. 특히 돈을 많이 벌고 싶다고 말하는 것을 매우 꺼린다. 돈에 대해 대놓고 말하면 마치 속물처럼 보일까 봐 빙 돌려 말한다. 그래서 이야기가 겉도는 경우가 자주 있다. 심지어 에둘러서라도 표현하지 않는 사람도 있다. 하는 행동이나 의사결정을 보면 돈을 중요하게 생각하는 게 분명해 보이는데 본인은 이를 부정한다. 그러면 일이 꼬이게 된다. 원하는 것을 말할 때는 다른 사람의 시선 따위 신경 쓰지 않아도 된다. 내 마음속 진심에 귀 기울여야 한다. 그렇지 않으면 누군가가 이야기한 것을 마치 내가 원하는 것인 양 앵무새처럼 떠들게 될 수도 있으니 말이다.

주변 사람들의 기대 역시 원하는 것을 명확하게 표현하기 어렵게 만드는 원인 중 하나이다. "너는 모범생이야", "너는 원래 그런 애가 아니잖아"라는 말들 때문에 진짜로 하고 싶은 일을 포기하게 되는 경우가 많다. 일종의 가스라이팅이라고 볼 수 있다. 주변 사람들은 모두 괜찮은데, 유난히 내 감정만 공허하게 느껴질 때가 있다. 그것은 내가 내 마음의 소리를 외면하고 있다는 명백한 신호이며, 위험을 알리는 경고음이다.

과거에는 원하는 것이 이루어지지 않을 것 같으면 그냥 다 놓아버렸다. 다행히도 요즘은 내가 원하는 바를 표현하는 일이 한결 쉬워지고 편해졌다. 이제는 예전처럼 무턱대고 다 놓아버리기보다는 어떻게든 내가 원하는 일을 조금이라도 실천해보려고 노력한다. 내 상태가 만족스러워야 주변 사람들에게도 긍정적인 영향을 줄 수 있다. 반대로 내가 불만족스러운 상태라면 주변뿐만 아니라 내 존재마저 무의미해진다.

6

협상은
획득과 포기의 균형이다

교환의 아름다움

● ○ ○

협상의 핵심은 내가 원하는 바를 얻어내는 것이다. 이를 위해서는 먼저 내가 무엇을 원하는지 명확히 알아야 하며, 나아가 상대방이 원하는 바 또한 진정으로 이해할 수 있어야 한다. 겉으로 드러나는 말과 행동은 실제 내면과는 다를 수 있으므로, 상대방의 감춰진 진심을 읽어낼 수 있어야 한다. 그래야만 내가 원하는 바를 얻기 위해, 상대방이 원하는 바를 내 제안에 효과적으로 녹여낼 수 있다. 이것이 바로 교환의 아름다움이다. 예를 들어, A는 1순위, B는 3순위로 원한다고 할 때, A를 얻기 위해 B를 내어줄 수 있다. 그래야 거래량을 늘릴 수 있다. 그러면 B는 영원히 얻지 못한다고 아쉬워하지 않아도 된다. A를 얻고 나면 B가 더 이상 필요하지 않을 수도 있고, A를 얻었으니 B의 우선순위가 바뀌어 또 얻어낼 수도 있다.

예를 들면, 쌀이 풍족한 사람과 고기가 풍부한 사람이 만나 서로의 자원을 교환하면 두 사람 모두 만족할 수 있다. 핵심은 이처럼 각자의 니즈를 정확히 파악해 서로 윈윈할 수 있는 거래를 찾아내는 것이다. 그러나 협상에서 가장 어려운 경우는 바로 자신이 무엇을 원하는지 모르는 사람과 만날 때이다. 자신에게 지금 쌀이 필요하다는 사실을 모른다면, 고기를 놓치기 싫어서 쌀과 바꾸는 생각은 하지 못할 것이다. 하지만 무엇인가를 얻으려면, 반드시 무언가는 내어주어야 한다. 무엇을 내주고, 무엇을 얻을 것인가. 가장 바람직한 교환은, 싫은 것을 주고 원하는 것을 얻는 것이 아니다. 원하지만 덜 원하는 것을 기꺼이 내려놓을 수 있을 때, 비로소 내가 진짜 원하는 것을 손에 넣을 수 있다.

내가 원하는 것의 값어치

● ○ ●

론다 번Rhonda Byrne의 책 《시크릿》에서 원하는 것을 끊임없이 기록하는 것이 매우 의미 있다고 말한다. 내가 원하는 바를 글로 남기면 어디선가 초월적인 존재가 나타나 그것을 대신 이루어준다는 말이 아니다. 기록하는 행위 자체가 내가 원하는 것을 잊지 않도록 스스로에게 지속적으로 상기시켜준다는 데 의미가 있다는 뜻이다.

'원하지 않는 것'과 '덜 원하는 것'을 명확히 구분하면 협상의 폭이 한층 넓어진다. 리멤버를 운영할 때의 일이다. 내가 창업한 회사였기에 대표라는 자리를 지켰지만, 그렇다고 해서 꼭 대표 자리에 앉아 있고 싶은 건 아니었다. '덜 원하는 것'이라는 카드가 '대표'라는 포지션이 된 것이다. 내가 가장 중요하게 여기는 것이 아니라면, 그것은 '누군가와 교환할 수 있는 카드'로 활용될 수 있다. '대표'라는 포지션이 의미가 있는 누군가에게 대표 자리를 내어주고, 그 대가로 내가 진정으로 원하는 것을 얻는 거래를 성사시킬 수 있는 것이다. 반면, 나는 조금도 손해를 보지 않겠다고 모든 걸 손에 움켜쥐고 있으면, 점점 교환 가능한 카드가 줄어들게 된다.

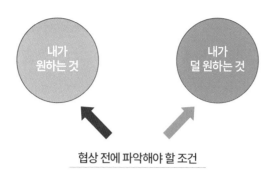

협상 전에 파악해야 할 조건

　tvN 예능프로그램 〈더 지니어스〉는 플레이어들이 다양한 전략으로 카드를 교환하며 가넷이라는 화폐를 모으는 두뇌 게임 리얼리티쇼로, 최종적으로 가넷을 가장 많이 모은 플레이어가 승리한다. 이 프로그램에서도 마찬가지로, 지나치게 자신의 이익만을 고집하며 적절한 카드 교환 타이밍을 놓친 플레이어는 결국 고립되어 패배한다. 반대로 반드시 지켜야 하는 한 가지를 제외하고, 조금은 손해를 보더라도 알맞은 타이밍에 카드를 교환하여 점진적으로 카드의 가치를 업그레이드해나가는 플레이어는 초반에는 다소 부진한 듯 보이지만 결국에 승리를 거머쥔다. 승리한 플레이어들의 공통점이 있다면, 그들은 자신이 진짜 원하는 카드가 있다면 값을 좀 더 치르고서라도 획득하고자 하며, 때로는 다른 플레이어와의 약속이나 신뢰가 더 가치 있다고 판단되면 과감하게 금전적인 손해를 감수하는 모습을 보인다는 점이다. 이러한 마인드는 협상에서도 중요한 부분이다.

간혹 내가 대표 직함을 다른 사람에게 넘기는 일에 대해, 내가 하기 싫어서 혹은 중요하게 생각하지 않아서라고 오해하는 경우가 있다. 나에게는 큰 딜레마가 아닐 수 없다. 물론 대표라는 직함이 내게 아무 의미가 없는 것은 아니다. 나 또한 그 자리를 매우 소중히 여기고, 명예롭게 생각한다. 단지, 그것이 내가 가장 원하는 것은 아닐 뿐이다. 그 자리는 지금까지 치열하게 노력해 얻은 것이고, 오랜 시간 버텨 지켜낸 결과다. 그러니 대표라는 직함을 내려놓는 결정을 가볍게 넘길 수 있는 카드였다고 생각하진 않았으면 한다.

가끔은 내가 원하는 것을 얻기 위해, 나에게도 소중한 무언가를 내어주어야 할 때가 있다. 하지만 상대는 그것이 나에게 별로 중요하지 않았다고 오해하기도 한다. 거래에 서툰 사람들은 상대방이 준 것은 필요 없으니까 준 것이라고 생각하며 가볍게 받고, 고마워하지 않는다. 심지어 받은 것을 가치 없는 것으로 치부하기도 한다. 나는 가장 원하는 것을 얻기 위해, 소중하지만 그보다 덜 소중한 것을 내어주는 것이다. 그래서 상대방에게도 상대적으로 덜 중요한 것을 받되, 서로 원하는 것을 정확히 교환하는 것이 내가 생각하는 건강한 거래다.

안타깝게도 이런 거래의 경험이 없는 사람은, 상대가 내어주는 것을 공짜로 여긴다. 자신은 늘 손해 본다고 느끼고, 결국 그런 사람과는 진정한 거래가 성립되기 어렵다. 그들과의 거래는 결국, 서로에게 별로 쓸모 없는 것을 주고받는 일이 될 뿐이다.

이런 이유로 대표 직함으로 거래를 하려고 했을 때 오히려 스스로 직함의 무게를 떨어뜨리는 건 아닐까 고민했다. 직원에게 스톡옵션을 주는 일도 마찬가지다. 더 열심히 일해서 함께 성장하자는 신뢰의 표현이라고 생각해서 기쁜 마음으로 흔쾌히 나누었지만, 받는 입장에서 그 가치를 제대로 알아주지 않는 듯싶어 살짝 속이 쓰리기도 했다. 한번은 직원들에게 보통주를 액면가로 나눠준 적이 있는데, 퇴사하면서 그 주식을 포기한 사람이 적지 않았다. 아마도 거저 얻은 듯한 주식이라 가볍게 여겼을지도 모르겠다.

거래에서 신뢰가 부족한 사람들을 보면, 예전에 한두 번 안 좋은 경험이 있었던 경우가 많다. 투자자나 대표와의 거래에서 무지하거나 준비되지 않은 상태로 손해를 본 경험이 이후 모든 거래를 불신의 눈으로 보게 만든다. "거래는 손해다"라는 생각이 뿌리내리는 것이다. 많은 사람이 거래를 제로섬게임_{zero-sum game, 게임 이론에서 참가자가 각각 선택하는 행동이 무엇이든지 참가자의 이득과 손실의 총합이 제로가 되는 게임}으로 이해한다. 그래서 거래 자체를 피하려 들지만, 진짜 좋은 거래는 플러스섬이라는 사실을 알아야 한다. 고기 100kg을 갖고 있다면, 그중 90kg을 교환해보자. 쌀, 채소, 과일 등 다양한 것들과 바꾸고 나면 나에게 돌아오는 건 한 상 가득 차려진 풍요로운 밥상이다. 이렇듯 좋은 교환은 서로의 삶을 더 다채롭고 넉넉하게 만든다.

7

너무 애써서 하는 일은
잘 안된다

가벼운 시작, 강한 지속력

너무 애써서 하는 일은 잘 안된다고 생각한다. 사람은 자연스러움 속에서 더 좋은 결과를 내기 때문이다. 사실 애쓴다는 것은 어려운 상황을 억지로 해결하려는 인위적인 노력이다. 그런 측면에서 루틴을 만드는 것이 성공의 가장 중요한 요소라고 믿는다. 루틴 안에서 성공에 유리한 행동들이 자연스럽게 자리 잡도록 해야 한다.

나는 어릴 적부터 의도치 않게 아침형 인간으로 훈련되었다. 중학생 시절, 아버지의 출근길에 학교가 위치해 있었기 때문에 나는 아버지의 차를 타고 등교를 했다. 그러다 보니 학교에 도착하는 시간이 무려 새벽 6시였다. 만약 아버지 차를 타지 않으면 집에서 버스 정류장까지 꽤 먼 길을 걸어야 했고, 등교 시간이 한 시간도 넘게 걸렸다. 학교를 일찍 가려고 한 게 아니라 편하게 가려고 한 것이다. 나는 늘 학교에서 1등으로 등교하는 학생이 되었다. 그 덕분에 친구들이 오기 전 한두 시간을 온전한 나만의 시간으로 보낼 수 있었다. 그 고요한 시간 동안 공부도 하고, 생각도 정리할 수 있었다. 이제 와 돌이켜보면 그때 공부하는 것이 크게 힘들지 않았던 이유가 바로 이 '새벽 등교 루틴'이 아닌가 싶다.

출근할 때 가장 좋아하는 루틴이 있다. 집에서 사무실이 있는 역삼역까지 길이 막히기 전에 무조건 출발하는 것이다. 아침 6시에서 7시 사이에 일어나 씻지 않고 곧바로 집을 나선 뒤, 회사 근처에서 운동을 하고 사무실에 도착하면 일하기에 최적의 상태가 된다. 이렇게 집중하기 좋은 몸 상태를 만드는 것은 일하는 데 꼭 필요한 조건 중 하나이다.

30대 때, 습관 형성에 관한 책을 몇 권 읽었다. 그중에는 루틴을 만들 때 뇌를 과도하게 압박하지 않고 살짝 '속이는' 방법을 사용하라고 제안하는 내용이 있다. 그냥 '아침에 일찍 일어나서 운동을 하자'고 마음먹으면 누구나 그렇듯 작심삼일이 되기 쉽다. 자신이 세운 계획을 지켜야 한다는 부담감 때문에 시작도 하기 전에 버겁게 느껴진다. 그래서 나는 '아침에 일찍 일어나자' 대신 '길이 막히기 전에 출근하려고 아침 일찍 집을 나서는 거야'라고 생각한다. '운동을 하자'도 마찬가지이다. '집에서 안 씻고 나왔으니 샤워를 하려고 헬스장에 가는 거야'라고 말이다.

출근길에 차가 막히지 않아 좋고, 헬스장에서 운동 후 상쾌하게 샤워까지 하면 하루의 시작이 더욱 활기차다. 사무실 출근 시간은 10시지만, 열심히 살 때의 나는 한두 시간 먼저 도착한다(요즘은 많이 게을러져서 다시 이때의 나로 돌아가려고 고민 중이다). 그 시간 동안 오늘 할 일을 정리하고, 중요한 안건들을 점검하며 회의 준비를 마치면 하루를 보다 알차고 여유롭게 보낼 수 있다. 루틴의 힘이다.

지속은 자연스러움에서 온다

● / / ●

벡터vector, 힘, 속도, 가속도와 같이 크기와 방향을 모두 가지는 물리량라는 개념을 떠올려본다. 이미 세상에는 일정한 흐름이 존재하며, 그 흐름은 일정한 속도와 방향을 지니고 있다. 만약 그 흐름에 맞서 무리하게 힘을 가한다면, 그것은 매우 비효율적인 일이 될 것이다. 오히려 흐름에 올라타는 방법을 찾는 것이 더 중요하다. 결국 핵심은 내가 원하는 방향으로 자연스럽게 나아갈 수 있는 환경을 선택하는 것이다.

만약 원하지 않는 환경 속에서 그저 버티고만 있다면 고통스럽기만 할 뿐이니 하루라도 빨리 그곳에서 벗어나야 한다. 만약 내가 원하는 방향이 있다면 조금만 노력해도 빠르게 목표에 도달할 수 있는 환경을 찾아 거기에 몸을 두어야 한다. 이는 개인의 삶뿐만 아니라 사업에서도 동일하게 적용되는 원리다. 시대의 흐름을 면밀히 관찰하고, 나에게 유리하게 작용하는 지점을 선택하며, 맞지 않는 환경이라면 과감히 벗어나는 것이 현명하다.

우리는 자기 자신을 하나의 도구로 다루는 법을 배워야 한다. 이는 마치 채용 시 지원자가 어떤 일을 잘 수행할 수 있는지, 어떤 환경에서 최선을 다할 수 있는지를 평가하는 일과 유사하다. 우리는 보통 남을 평가할 때는 예리하고 객관적인 눈으로 보지만, 자기 자신에 대해서는 제대로 인식

하지 못하는 경우가 많다. 스스로 언제 어떤 감정을 느끼고 어떤 행동을 하는지 객관적으로 관찰하기 어렵기 때문이다. 그렇게 되면 스스로 자신을 온전히 통제하지 못하며, 무의식적으로 그저 주어진 환경에 나를 맞추게 되고 만다. 따라서 스스로를 제3자의 눈으로 냉철하게 관찰하고 판단하는 능력을 키워야 한다. 나에 대해 잘 알아야, 내가 어떤 환경에서 자연스럽게 원하는 방향으로 힘을 발휘할 수 있는지 알 수 있다. 그리고 그때 우리는 비로소 효율적이고 지속 가능한 성장을 이룰 수 있다.

명확한 가치가
성공을 만든다

1

동기의 본질을
다시 생각하다

빅터 프랭클, 죽음의 수용소에서

● ○ ○

퇴근길에 아내와 통화하며 이런저런 얘기를 하던 중이었다.

"여보는 힘들 때 어떤 생각을 하면서 버텼어?"

"나? 나는 빅터 프랭클Viktor Frankl의 《죽음의 수용소에
서》를 읽으면서 버텼던 것 같아. 그 책 읽으면서 느끼는
게 정말 많았어."

"어! 나도 그런데. 존버은어 '존나 버티기'를 줄인 말로, 끈질기게 버
틴다는 뜻의 대명사잖아."

"그렇지. 너도 그 책 읽었어?"

"응, 나도 좋아하는 책이야. 나치의 아우슈비츠 강제수용소에서 살아남은 사람들에 대한 이야기잖아. 크리스마스가 되면 풀려날 거라고 잔뜩 기대를 품은 사람들은 실망감에 살아남지 못하고, 반대로 삶의 의미를 잃지 않고 일상을 지키며 살아간 사람들이 살아남게 되잖아. 나는 그걸 읽고 나서 내 사주팔자를 철석같이 믿고 기다렸어. 내 사주팔자에 근근이 먹고 살 정도만 벌다가 30대 중반부터 돈이 들어온다고 했거든. 그래서 한국 나이로 35살이 되던 해에 속으로 엄청 기대했어. 그런데 12월이 다 되어가도 돈이 안 들어오는 거야. 애들은 쑥쑥 크는데 돈은 없고, 살짝 초조했어. 곰곰이 생각해봤지. '30대 중반'이라는 단어가 참 애매하더라고. 만 나이인가 하는 실없는 생각까지 하면서 자꾸 기한을 연장하는 내 모습이 참 우습더라고. 그래도 언젠가는 당신이 잘될 거라고 생각하긴 했어. 그게 언제가 될지는 몰랐지만."

"음, 그건 내가 생각하는 의미와는 좀 다른 것 같아."

"응? 달라? 왜?"

"어쩌면 너는 크리스마스 같은 순간을 기다렸던 건 아닐까. 솔직히 말하면, 나는 망할 수도 있다고 생각했거든. 그래도 괜찮다고. 지금 이렇게 사업을 하고 있는 것만으로도 의미가 있다고 생각했어."

"나는 잘 이해가 안 가는데? 잘될 거란 희망도 없이 어떻게 창업을 할 수 있어? 어떻게 그런 희망도 없이 그 힘든 시간을 버텨낼 수 있어? 나는 잘되지 않아도 괜찮다고 생각한다면, 아예 하지 않는 게 맞다고 봐."

"그냥 이 상태에 있는 것만으로도 의미가 있다고 보는 거지. 창업할 수 있는 여건이 되어서, 이 자리에 이렇게 있는 것만으로도 말이야. 빅터 프랭클이 죽음의 수용소 안에서 사람들의 심리를 연구했던 것처럼, 나도 스타트업 생태계에서 탈출은 못 해도 서비스를 개발하는 것만으로도 충분히 의미가 있다고 생각했으니까. 죽음의 수용소에서 살아남은 사람들의 공통점을 보면 자신을 잘 보살피고, 남들을 도와주는 데서 의미를 찾는 사람들이잖아. 나도 그러려고 했던 것 같아. 그래서 요즘 힘든 건 일 그 자체보다 과연 이 일이 의미가 있는 일인가 하는 의문이 들기 때문이야. 지금 하는 이 일이 과연 내 삶에 어떤 의미가 있는지 아무리 생각해도 답을 찾을 수가 없어. 일이 힘들고 잘 안 풀려도 의미가 있다고 생각하면 얼마든지 버틸 수 있는데, 의미가 없다는 생각이 들면 왜 사서 고생인가 싶은 거지. 피곤하고 바쁜 와중에도 가족들과 시간을 갖고 가벼운 운동을 하면서 나를 돌보는 시간을 가지려는 것도 그 일환이고."

지속 가능한 동기는 어떻게 만들어지는가

몸무게 5kg 감량을 목표로 스쾃을 하루에 100개씩 하겠다는 계획을 세운 사람이 있다고 가정해보자. 만약 계획대로 했는데도 일주일 동안 살이 100g도 빠지지 않았다면, 그 사람은 조만간 스쾃을 그만둘 가능성이 크다. 하지만 만약 목표가 하체 근육을 단련하기 위함이라면, 살이 1g도 빠지지 않더라도 계속해서 스쾃을 해나갈 가능성이 높다. 운동 자체에서 느껴지는 성취감과 근력이 붙는다는 자각이 있다면 그것만으로도 기쁨을 느낄 수 있기 때문이다. 반면 목표가 다이어트라면 스쾃을 지속하기 어렵다. 사업도 마찬가지이다. 하루가 멀게 울면서 다 포기하고 싶을 만큼 힘든 게 사업인데, 그런 사업을 하려면 단순히 잘될 것이라는 기대 그 이상의 목표가 필요하다. 그게 바로 '사업의 의미'이다.

의미가 있다는 것만으로도 즐거움을 느끼려면 일정 정도의 훈련이 선행되어야 한다. 스쾃은 힘들고, 하기 싫은 것이 당연하다. 스쾃을 즐길 수 있으려면, 먼저 스쾃을 제대로 할 줄 알아야 한다. 올바른 동작으로, 근육의 정확한 포인트에 자극을 줄 수 있어야 한다. 그렇게 서서히 근육이 단련되고 강화되는 것을 느끼게 되면, 거울 속에 비친 탄탄해진 내 하체 라인을 보게 되면, 그때부터는 누가 시키지 않아도 알아서 운동을 할 것이다. 스쾃 자체에 재미가 붙었기 때문이다. 아랫배가 당기고 허벅지가 부들부들 떨리는 고통이 느껴지더라도 스쾃을 계속 해나갈 수 있다. 오래도록 할 수 있다.

우리가 공부를 해야 하는 이유 또한 좋은 성적을 받고, 좋은 대학을 가고, 좋은 회사에 들어가기 위해서가 아니라, 공부 자체가 즐겁기 때문이어야 한다. 더 알고 싶고, 더 배우고 싶은 기분이 드는 것. 공부의 목적은 공부 그 자체에 있어야 한다. 물론 이를 위해서도 훈련이 필요하다. 무언가를 알았을 때, 발견했을 때, 깨달았을 때, 마치 내가 세상의 비밀에 다가간 것 같은 순수한 기쁨과 흥분, 떨림을 느껴보아야 한다. 그걸 맛본 순간부터는 남들이 하지 말라고 해도 공부한다. 다른 사람들이 보기에 저렇게 머리 아픈 걸 왜 하나 싶겠지만, 정작 본인에게 공부는 절대 놓칠 수 없는 짜릿한 행복이기 때문이다.

스타트업 생태계는 죽음의 수용소와 같다. 탈출만이 모두의 희망일지도 모르지만, 그런 행운을 가진 사람은 극소수에 불과하다. 현재의 나는, 내가 죽음의 수용소에 있다는 사실만으로도 의미가 있다고 생각한다. 동료들과 머리를 맞대어 새로운 서비스를 만들고, 고객에게 기쁨과 만족을 전하고, 실패와 성공을 반복하고, 나에게 닥친 문제들을 하나하나 풀어나가는 것만으로도 충분히 가치 있는 시간이라고 말이다. 나는 굳이 탈출을 꿈꾸지 않는다. 이곳에 남아 끝까지 살아남는 것, 그것만으로도 괜찮다. 그래야 이 멋진 일을 더 오래, 더 신나게 할 수 있으니까.

2

본질을
이해하는 힘

돈 안 받고도 할 수 있는 일

· ○ ○

자비스앤빌런즈에서 가장 중요하게 생각하는 두 가지 가치
는 바로 '채운다'와 '나눈다'이다. 채운다는 것은 성장을 의미
한다. 나눈다는 것은 이타심에 관한 이야기다. 나는 채용 맨
마지막 단계인 임원 면접에서 지원자가 이타심을 얼마나 중
요하게 생각하는지 확인한다. 서비스를 만드는 일은 고객에
게 특별한 가치를 제공하는 일이기 때문이다. 예를 들어, 음
식을 만들어 판다면, 만족감을 느끼는 포인트가 무엇인지
보는 것이다. 음식을 요리할 때인지, 손님이 음식을 먹고 흡

족한 표정을 지었을 때인지, 손님에게 돈을 받을 때인지 말이다. 물론 요리를 좋아하는 것도 중요하고, 돈을 많이 버는 것도 중요하다. 다만 내 음식을 맛있게 먹는 손님의 모습을 보는 일, 그것만으로도 기분이 좋은지가 가장 중요하다.

나는 나누는 것만으로도 기분이 좋은 사람과 일을 하고 싶다. 그래야만 일이 잘된다고 생각한다. 서비스에 대한 순수한 마음이 있는 사람이 좋다. 돈이 중요하지 않다고 생각하는 것은 결코 아니다. 어차피 돈에 대한 마음은 누구에게나 있기 때문에 굳이 따로 확인할 필요가 없다. 하지만 이타심은 다르다. 엄마들은 음식을 해서 아이가 맛있게 먹으면 그것만으로도 행복하다. 선물을 고르며 기뻐할 친구의 모습을 떠올리면 그것만으로도 미소가 지어진다. 이런 마음이 우리가 하는 일에 꼭 필요한 마음이다.

만 원짜리 서비스를 제공하고 만 원을 받는 단순한 거래에는 로열티가 없다. 서로가 이득을 본 것도 없고, 손해를 본 것도 없다. 그렇다면 그 서비스는 일시적으로는 잘될 수도 있겠지만, 장기적인 관점에서 보면 성공하기 어렵다. 사람에게는 받으면 응당 보답하려고 하는 마음이 있다. 직접적으로는 서비스 결제나 구독이 될 수도 있고, 간접적으로는 맛있는 음식을 대접받은 이 식당이 오래오래 잘되기를 바라는 마음이 될 수도 있다. 그렇게 손님은 단골이 되고, 식당은 번창하게 된다. 서비스도 이와 다르지 않다. 당장은 돈이 되지 않아도 고객에게 서비스를 제공한다거나, 가만히 내버려둬도 이용에 큰 문제가 없지만 고객을 위해 비용을 들여 서비스를 개선한다거나 하는 자세가 필요하다. 그리고 그 서비스를 더욱 만족하며 이용하는 고객의 모습을 보며 기쁨과 성취감을 느낄 수 있어야 한다. 이것이 우리가 가져야 할 고객을 향한 순수한 마음이자, 오래도록 사랑받는 서비스의 비결이다. 이 당연한 걸 왜 그렇게 해야 하냐고 물으면, 나로서는 참 설명하기가 어렵다.

이건 고객과의 관계에서뿐만 아니라 동료와의 관계에서도 동일하게 적용된다. 동료가 뭘 좀 도와달라고 하면, "저는 개발자인데요?", "마케팅 팀이 왜 인사 팀 일까지 해야 돼요?", "저 그런 일 하려고 이 회사에 들어온 거 아닌데요?" 등등 내 가치관으로는 도무지 이해가 가지 않는 대답들을 내놓는다. 돕지 않는다고 해서 그걸 비난할 수는 없지만, 동료에게 도움이 되는 건 곧 회사에 도움이 될 것이고, 회사의 서비스에 도움이 될 것이고, 서비스를 이용하는 고객에게 도움이 될 것이고, 종국에는 나에게도 도움이 될 것이다. 남을 돕는 건 나를 돕는 것과 같다. 그러니 우리는 이타심을 발휘할 충분한 이유가 있고, 나는 그런 사람들과 일하고 싶다.

호의적인 마음을 갖자

· o o

내가 나눔의 가치 즉, 이타심을 강조하면, '열정 페이를 기대하는 거냐'는 반론을 제기하는 사람들이 있다. 그럴 때는 나도 맥이 탁 풀린다. 그런 의미가 아니라고 구구절절 설명하기도 이제 지겹다.

내가 강조하는 이타심은 엄청난 희생을 바탕으로 한 어떤 숭고한 행위가 아니다. 놀이터에서 놀다가 넘어진 아이를 보고 괜찮은지 살펴보는 일, 쏟아지는 소나기를 그대로 맞고 가는 행인에게 같이 우산을 쓰자고 하는 일… 내가 생각하는 이타심은 바로 이런 것이다. 누구나 충분히 할 수 있는 작은 배려, 작은 친절, 작은 도움과 같은 것이다.

여기 '거래'와 '선물'이라는 두 가지 개념이 있다. 사적인 관계를 제외한 세상의 모든 관계를 거래로 받아들이면 피곤하다. 회사와의 관계를 거래라고만 규정지으면, '나는 하루에 8시간 일하고 연봉을 3,000만 원 받기로 했으니, 그 이상의 일은 절대 하지 않을 거야'라는 마음을 갖게 된다. 물론 정해진 근무시간보다 더 오래, 더 많이 일해야 한다는 의미가 아니다. 서비스 오픈을 코앞에 두고 있는 상황에서, 내가 맡은 일은 끝났다 하더라도 '고생하는 다른 동료들을 위해 내가 도울 수 있는 일은 뭐 없을까'라고 생각할 수 있는 호의적인 마음이 있었으면 좋겠다는 뜻이다. 그러면 회사와도 얼마든지 선물 같은 관계가 될 수 있다. 반대로 회사 또한 노동의 대가로 약속된 연봉만 지급하기보다, 회사 자금이 여유롭다면 직원들에게 말 그대로 인센티브를 선물할 수도 있어야 한다고 생각한다. 사랑하는 누군가를 위해 깜짝 이벤트를 준비하는 것처럼 말이다. 그렇게 회사와 직원이 서로 호의를 주고받는 '상호 호의 관계'를 구축한다면, 보다 의미 있는 미래를 함께 그려나갈 수 있을 것이라고 나는 믿어 의심치 않는다.

사람들은 '준다'고 하면, 마치 자신이 '손해 본다'고 생각하는 경향이 있다. 하지만 살아보니 나눌수록 기쁨은 배가 된다는 말은 결코 틀린 말이 아니다.

도전의 결과는
성공 이든
실패 이든
모두가
함께 나눈다.

Jobis&Villains

3

인간관계는
거래가 아니다

관계에서도 '덤'이 필요하다

• ○ •

앞서 말했듯이, 우리 같은 일을 하는 사람들에게는 서비스
를 만드는 마음이 특히 중요하다. 우리가 어느 가게의 단골
이 되면, 주인은 우리에게 덤으로 무언가를 자꾸 준다. 고마
운 마음에 우리는 주변 지인들에게 그 가게를 소개하기도
하고, SNS에 홍보를 하기도 한다. 가게는 손님이 늘고, 매출
도 늘 것이다. 가게와 손님은 그렇게 선순환의 궤도에 오르
게 된다. 그 시작은 다름 아닌 '덤'이다. 손님에게 그저 고마
움을 전하고자 순수한 마음으로 건넨 작은 무언가 말이다.

나는 서비스를 만드는 사람과 이용하는 고객 사이에도 이러한 덤이 필요하다고 생각한다. 어쩌면 덤은 이타심의 또 다른 말일 수도 있다. 좋은 서비스를 만들고 싶다면, 큰돈을 벌고 싶다거나 명예를 얻고 싶다거나 하는 개인의 욕망을 누르고, 순수하게 고객을 위하는 마음이 있어야 한다. 고객은 안다. 식당에 가서 음식 하나만 시켜 먹어도 안다. 사장이 돈독이 올랐는지, 내 자식 입에 들어간다 생각하고 정성껏 음식을 만드는지, 그게 어느 쪽이든 간에 단번에 알아챈다. 한 입 먹었는데, 마음이 한순간에 무장해제가 되는 최고의 음식이 있다. 좋은 재료를 아낌없이 넣어 정성을 다해 만든, 엄마의 마음이 느껴지는 음식이다.

나는 최고의 음식 같은 서비스를 만들고 싶다. 저 회사가 나에게 이런 서비스가 필요하다는 것을 알고, 나보고 쓰라고 만들어줬구나 싶은 마음이 느껴지는 서비스 말이다. 고객이 서비스를 사용하면서 우리의 진심을 느끼려면, 서비스를 만드는 우리부터 진심을 다해야 한다는 건 어찌 보면 너무나 당연한 말이다. 그리고 그 진심은, 대가를 바라지 않고 전하는 덤과 같은 마음에서부터 시작된다고 생각한다.

현실에서는 덤과 같은 마음을 갖는 게 참 어렵다. 가족에게는 노력하지 않아도 저절로 우러나오는 마음인데, 남이라고 생각하는 사람에게는 그런 마음이 선뜻 나오지 않는다. 성공하는 서비스를 만든다는 게 이래서 어려운 일인가 보다.

호구가 되지 않겠다는 생각의 함정

• ○ •

내가 대기업에서 연봉 4,000만 원을 받으며 일하다가, 스타트업에서 연봉 2,000만 원을 받으며 일하고 있다고 가정해보자. 그렇다면 나는 2,000만 원만큼 일하는 것이 맞을까? 내 대답은 '그렇지 않다'이다. 연봉과 관계없이 내가 할 수 있는 최선을 다해 일한다면 당장은 소위 말하는 호구가 되는 것 같을 수도 있겠지만, 길게 보면 절대 그렇지 않다. 열정적으로 일하는 내 모습을 지켜본 동료들에게 나라는 사람은 단순히 연봉 2,000만 원짜리 직원이 아니다. '다음 프로젝트는 저 사람이랑 하면 좋겠어', '저 사람이라면 일을 믿고 맡겨도 되겠는데?', '친구네 회사에서 찾는 사람이 딱 저런 사람인데, 소개해줄까?' 같은 생각이 들게 하는, 연봉 그 이상의 가치가 있는 사람이다. 그러니 열심히 일하는 것은 호구가 되는 지름길이 아니라, 내 가치를 세상에 증명할 수 있는 절호의 기회인 셈이다.

　나는 절대 호구가 되지 않겠다는 마음으로 산다면, 적어도 호구는 되지 않겠지만, 성공도 하기 어렵다고 생각한다. 내 연봉만큼 일한다면, 내 연봉이 나를, 내 역량을 정의하게 된다. 내 연봉에 내가 나를 가두는 꼴이다. 그건 결국 나의 성장 가능성을 스스로 포기하는 것과 같다. 그렇다면 일시적으로 '자발적 호구'가 되어보는 건 어떨까.

　서비스를 만드는 순수한 열정이 점점 더 귀해지고 있다. 고등학교 때, 친구들과 농구 시합을 했는데 우리 팀이 졌다. 분한 마음에 나는 씩씩대고 있는데, 같은 팀 친구는 아무렇지도 않은 얼굴이었다. 순간 친구에게 화가 났다. 왜 그렇게 수비를 설렁설렁 하냐고 따지니, 친구는 그냥 게임일 뿐인데 왜 그렇게 진지하게 구느냐며 도리어 나를 타박했다. 그런 마음으로 시합에 임한다면, 나는 다시는 그 친구와 농구를 하고 싶지 않았다. 수비를 제대로 하지 않아 우리 골대에 상대 팀의 공이 들어갔는데도 아무 상관이 없다면 대체 농구 시합을 왜 한단 말인가. 이기고 지고의 문제가 아니다. 승부를 떠나서 나는 친구들과 패스가 착착 잘 맞아 돌아가는 게 재미있고, 작전대로 골이 들어갔을 때 신이 난다. 그러니 이왕 시합을 하기로 했다면 최선을 다해서 경기를 펼쳐야 하지 않을까. 그게 시합에 대한 최소한의 예의다.

등산을 하자고 하면, 어차피 내려올 거 왜 힘들게 올라가냐고 묻는 사람들이 꼭 있다. 물론 등산을 하는 가장 큰 이유가 정상에 오르기 위함이겠지만, 그게 전부는 아니다. 내 경우에는 산을 오르며 점점 숨이 차오를 때 내가 살아 있음을 느낀다. 그 생생한 활력이 나를 산으로 이끈다.

세상 모든 것이 그렇다. 무언가를 향한 순수한 열정이 없다면 재미가 없다. 의미가 없다. 그럼 결국에는 하기 싫어진다. 그만두고 싶어진다. 어쩌면 열정 가득한 자발적 호구로 사는 것이 가장 합리적인 선택일 수도 있겠다는 생각이 든다.

4

사람을
믿는가

사람은 조직의 경쟁력이 된다

● ○ ●

얼마 전에 재무 팀과 회식을 했다. 삼쩜삼을 시작한 지 얼마 안 된 시점에 입사한 직원이 있었다. 그 직원이 갑자기 물었다.

"대표님은 10년 넘게 사업을 해오셨는데, 어떻게 아직도 사람을 믿을 수 있나요?"

제일 먼저, 내가 사람을 믿는 것 같아 보였나 하는 생각이 들었다. 나는 사람을 '믿는다', '안 믿는다' 딱 잘라 나누기보다는 모든 가능성이 존재한다고 생각한다. 사람은 정해져 있지 않다. 누군가를 믿는다는 건 그 사람이 나에게 좋은 일을 해줄 것이라고 기대하는 것이고, 믿지 않는다는 건 배신을 예상하는 것인데, 그런 식으로만 본다면 나는 양쪽으로 다 믿음이 없는 편이다. 무조건적으로 나에게 해를 끼치는 사람도 없고, 무조건적으로 나를 위하는 사람도 없다.

만약 내가 사람을 믿는 것처럼 보였다면 아마도 그건 그가 재무 팀 직원이기 때문일 것이다. 나는 계약서 같은 중요한 서류나 회사 통장을 직원들에게 믿고 맡기는 편이다. 직원이 나쁜 마음을 먹기라도 하면 어쩌나 하는 걱정은 하지 않는다. 이유는 간단하다. 내가 확인할 수 있는 최후의 보루는 남겨두었기 때문이다. 설령 문제가 생긴다고 하더라도 감당할 수 있는 선이다. 무엇보다 가장 중요한 건 누군가에게 내가 믿는다는 액션을 취하면, 대부분은 그 믿음에 부합하고 싶어 한다는 사실을 알기 때문이다. '나는 너를 믿어'를 먼저 보여주면, 상대방도 나를 믿는다. 죄수의 딜레마와 비슷하다. 상대방이 합리적인 사람이라면, 착하지는 않아도, 적어도 신뢰를 저버리는 행동은 하지 않는다.

오히려 나는 타인에 대해 지나친 확신을 가진 사람을 보면 당혹스럽다. 그들은 대개 하나를 보고 전부를 판단한다. 프로젝트를 한 번 실패하면 그 사람은 능력이 없는 사람이 되어버린다. 프로젝트를 하나 성공하면 앞으로 그 사람이 진행하는 모든 프로젝트가 성공할 것이라고 믿는다. 성급한 일반화의 오류가 아닐 수 없다. 하지만 무서운 건, 그러한 믿음이 종종 현실이 되기도 한다는 점이다. 프로젝트를 한 번 성공시킨 사람은 다음번 프로젝트를 진행할 때 그렇지 않은 사람보다 주변의 더 깊은 신뢰 속에서, 더 많은 도움을 받으며 성공할 확률이 높다. 반대의 경우라면 주변의 신뢰도, 도움도 부족하기에 실패할 확률이 높다. '믿는 대로 이루어진다'는 말이 떠오른다. 객관적인 능력의 차이가 원인이 아니다. 순전히 우연으로 시작된 성공과 실패가 꼬리에 꼬리를 물고 또 다른 성공과 실패를 불러오는 구조를 만들어버린 셈이다.

새로운 프로젝트 담당자를 정해야 하는 상황이라고 해보자. 회사를 경영하는 대표로서 나는 어떤 직원에게 일을 맡겨야 할까. 내 선택은, 분명 능력은 있지만 기존 프로젝트의 실패로 실력이 다소 저평가된 직원이다. 과거에 실패했다는 이유로 기회를 주지 않으면, 그 직원은 앞으로도 쭉 실패할 확률이 높다. 인위적으로라도 기회를 줘서 성공을 맛볼 수 있게 해야 한다. 그렇게 성공할 확률이 높은 직원이 많아지면, 회사라는 조직도 자연히 성공할 확률이 높아진다. 직원에 대한 믿음이 조직의 경쟁력이 되는 이유이다.

원하는 아웃풋을 만들자

● ○ ○

양자역학을 알고 나면 사람을 규정짓는 일이 얼마나 위험한지 알게 된다. 물리적인 세계에서조차도 물체의 움직임을 특정할 수 없는데, 과연 사람의 행동을 예측할 수 있을까. 사람이 어떤 순간, 어떤 행동을 하고, 그 행동의 결과가 성공인지 실패인지 예측하기란 불가능하다. 그리고 그 불가능한 일에 에너지를 쓰는 것도 무의미한 일이다. 불가능한 예측에 에너지를 낭비하기보다는 지금, 현재 그 사람과 그 사람의 행동에 집중하는 것이 더 현명하다. 설령 그 과정에서 손해나 배신을 경험하더라도 말이다.

심리학 연구에 따르면, 사람들은 이익보다 손실에 훨씬 민감하게 반응한다고 한다. 예를 들어, '게임에서 50% 확률로 이기면 1억 원을 얻고, 50% 확률로 지면 5,000만 원을 잃는다'는 조건이 있다고 해보자. 당신이라면 이 게임에 참여하겠는가? 언뜻 보기에는 50:50의 확률이고, 이기면 1억 원이라는 큰돈을 얻으니 참여하고 싶은 마음이 들 수 있다. 분명 숫자만 보면 이 게임은 해야만 하는 게임이다. 하지만 실제로는 그 반대의 선택을 하는 사람이 더 많다. 머리로는 유리한 게임이라는 걸 알면서도, 실제로 행동할 때는 손실에 대한 두려움이 이익보다 더 크게 작용하기 때문이다. 50%의 확률로 5,000만 원을 잃을 수도 있다는 불안감에 게임을 회피하는 사람이 더 많다. 진화론의 관점에서 생각해보면 그게 맞다. 원시 수렵사회에서 한 번의 위험은 곧 죽음과 같으니까. 하지만 만약 이 게임의 이익과 손실이 각각 1,000원과 500원이었다면 어땠을까? 아마 대다수의 사람이 게임에 참여했을 것이다. 이 정도면 죽고 사는 문제는 아니니 말이다.

현대사회로 오면서 생존을 위협하는 요인이 줄어들었다. 어느 정도 위험을 감수하고 본능을 거스르는 행동을 시도하는 것이 합리적이다. 진정으로 원하는 아웃풋이 있다면 과감하게 질러보자. 실패하면 어떤가. 그 대가가 죽음은 아니니, 해볼 만한 도전 아닌가.

사람을 믿는 문제도 마찬가지이다. 영화 〈광해〉를 보면,

원래 광대였던 자가 왕의 옷을 입고, 왕처럼 행동하니, 모두가 그를 왕이라 부른다. 그는 자신을 믿고 따르는 사람들을 실망시키고 싶지 않기에 좋은 왕의 삶을 연기하며 진정한 왕이 되고자 한다. 그렇다면 그는 선왕인가 광대인가.

나는 정체성이 그 사람의 행동을 결정짓는다기보다는, 일련의 행동들이 모여 그 사람의 정체성을 만들어나간다고 생각한다. 어차피 확률은 반반이다. 함께하는 사람들을 믿어보자. 나의 믿음으로 나의 소중한 직원이 선왕이 된다면 그보다 기쁜 일이 어디 있겠는가. 물론 내 믿음을 저버린다면 속이 꽤나 쓰리겠지만 말이다. 그렇다고 죽는 건 아니니 지레 겁부터 먹지는 말자.

5

직원에게 잠재력을 발휘할 수 있는
판을 깔아준다

직무를 넘어선 신뢰와 성장

2009년에 내가 처음 창업했던 회사인 아이티에이치는 말 그대로 듣보잡 스타트업이었다. 채용이라는 단어를 입 밖으로 꺼내기조차 무색할 만큼, 함께 일하고 싶은 마음만 있다면 그게 누구든 감지덕지한 상황이었다. 지금은 회사 규모가 커지면서 경력 5년 차 디자이너가 필요하면 조건에 맞는 직원을 채용할 수 있지만, 그때는 어떤 선택조차 할 수가 없었다. 지원자 자체가 없으니 채용도 불가능했던 시절이었다.

그 무렵 나는 강원도의 지원으로 강원대학교 학생들을

인턴으로 받아 함께 일했다. 그 친구들은 이전까지 서비스라는 것을 만들어본 경험이 전무했지만, 함께 공부를 하며 결과물을 만들어냈다. 시간이 조금 더 걸릴 뿐이었다. 이 일로, 개발 경험이 없는 사람도 학습을 통해 얼마든지 성장할수 있다는 점을 알게 되었다. 처음부터 능숙하지 않아도 기회를 주면 해낼 수 있다는 믿음이 생겼다.

보통은 이미 가지고 있는 능력으로 안정적인 결과물을 내는 사람을 선호한다. 이전에 해본 일이면 다음에도 해낼수 있다는 기대 때문이다. 그러나 당시의 나는 경험이 있는 사람을 채용할 수 없었기에, 의도치 않게 경험이 없는 사람에게 '경험할 수 있는 기회'를 주는 존재가 되었다. 대학생입장에서는 그 자체가 매우 귀한 기회였을 것이다. 다른 회사였다면 경험 없는 대학생이 핵심 프로젝트에 참여하기란어려운 일이었겠지만, 우리 회사에서는 핵심 서비스를 직접리드해서 개발해본다거나 몇 년 안에 CTO가 될 수 있다거나 하는 등의 파격적인 기회를 얻을 수 있었다. 물론 기회가주어진다고 모두가 성장하는 것은 아니다. 하지만 감사하게도 그 시절 함께했던 개발자와 디자이너는 수많은 시행착오를 겪으며 빠르게 배워나갔고, 마침내 우리와 함께 서비스를 만들어냈다.

　창업 초기, 회사의 모든 직원은 멀티플레이어였다. 프런트엔드front-end, 사용자가 직접 상호작용할 수 있는 사용자 인터페이스 영역 개발자가 따로 없으니 디자이너들이 해당 개발을 맡았고, 서버를 구축하는 시스템 엔지니어도 없었기에 백엔드back-end, 사용자의 행동을 처리하고 정보를 저장·관리·전달하며 서버와 데이터를 관리하는 영역 엔지니어가 이를 담당해야 했다. 좋게 말하면 '풀스택full stack, 프런트엔드와 백엔드를 아우르는 폭넓은 기술을 보유한 전문가'이었지만, 사실은 인원이 부족해 한 사람이 여러 역할을 해야 했던 상황이었다.

　이런 경험을 몇 차례 하다 보니, 직무 경험이 부족해도 "한번 해보면 어때?"라고 하며 기회를 제안하는 것이 크게 불편하지 않았다. 모르면 배우면 되고, 관심만 있다면 누구나 할 수 있다는 믿음이 있었다. 리멤버 공동대표의 경우에도 그랬다. 과거 스타트업이나 경영 관련 경력이 없음에도 불구하고, 그가 나에게는 없는 부족한 부분을 채워줄 수 있으리라는 믿음 하나로 그에게 공동대표를 제안했다.

　나 또한 첫 창업 당시에는 모든 경험이 전무했기 때문에 재무, 마케팅, 경영 등 모든 것을 새롭게 배워야 했다. 무엇이든 할 수 있다는 의지와 기본적인 학습력만 있다면 문제가 없다고 생각했다. 누구에게나 부족한 면이 있기 마련이고, 부족한 면이 있다면 서로 보완해주면 된다고 믿었다. 사람들은 흔히 경영을 공동으로 하지 말라고 조언한다. 나는 그 반대다. 사람은 누구나 강점도 있고 약점도 있다. 그래서 되도록 나와 다른 성향과 역량을 가진 사람들로 핵심 경영진을 구성한다. 문과적 사고를 지닌 사람을 곁에 두는 이유도 내가 그 부분이 약하다고 생각하기 때문이다. 경영 전반에 관한 부분은 다른 사람의 도움을 받되, 엔지니어링이나 프로덕트 개발 부분은 내가 채워줄 수 있다.

현재 회사에는 변호사 출신의 공동대표가 있다. 외부에서는 그가 이 분야에 대한 경험이 부족하다고 볼 수도 있겠지만, 대표라고 해서 모든 것을 다 잘해야 한다고 생각하지는 않는다. 서로에 대한 신뢰와 존중만 있다면 충분히 함께할 수 있다. 내가 변호사로서 대외 환경이나 리스크 관리 측면에서 보여주는 그의 역량을 깊이 존경하고, 그 또한 나의 강점을 기꺼이 인정하고 받아들인다면, 성공적인 공동대표 체제를 이루어나갈 것이라고 믿는다. 그렇기에 공동 경영은 오히려 강력한 시너지를 만들어낼 수 있다고 생각한다.

인사 팀 직원의 사례 또한 마찬가지이다. 처음에는 그를 마케팅 직무로 채용했지만, 예상과 달리 마케팅 업무가 많지 않아 그에게 사내 행사 준비 업무를 부탁했다. 사람들과 어울리기 좋아하는 성향의 그에게 사내 파티를 기획하고 굿즈를 만드는 일은 무척이나 잘 맞았다. 기대 이상으로 일을 잘 해냈기에 나는 그에게 직무 변경을 제안했다. 결국 그는 마케팅 업무가 아닌, 인사 팀에서 조직 내 문화 관련 업무를 담당하는 직원이 되었다.

가능성은 경계 밖에서 자란다

나는 직무에 대한 경계를 그다지 뚜렷하게 구분 짓지 않는다. 예를 들어 '개발자'라고 하면, 기본적으로 무엇이든 해낼 수 있는 사람인데 그중에서도 개발을 특히 잘하는 사람이라고 생각한다. 개발은 그 사람의 전문성이나 특기일 뿐 역할을 한정 짓는 경계는 아니라고 본다. 하지만 실제 조직 내에서는 역할이 점점 더 세분화되고 있다. 엔지니어만 해도 프런트엔드, 백엔드, 시스템 엔지니어 등으로 나뉘고, 마케터는 브랜드 마케터와 퍼포먼스 마케터로, 디자이너는 프로덕트 디자이너, UX 디자이너, UI User Interface, 사용자 인터페이스 디자이너 등으로 구분된다. 물론 이런 구분이 전문성을 키우는 데 도움이 되기도 하지만, 동시에 경계를 만들고 그 경계가 협업이나 새로운 도전에 제약이 되는 경우도 있다. 실제로 백엔드 엔지니어가 프런트엔드 업무를 시도하려고 하면, 팀장이 담당 업무가 아니라며 막기도 한다.

나는 일의 영역을 딱 잘라 구분하는 방식에 회의적이다. 조직이 생기고 역할이 정형화되면 예전에는 자율적으로 하던 일을 '담당자'가 맡게 된다. 이제 그 일은 담당자 이외의 사람이 하면 안 된다는 분위기가 자연스레 생겨난다. 마치 각자의 영역이 있고, 그 영역은 서로 침범해서는 안 되는 것처럼 말이다. 하지만 나는 사람들이 자신의 관심사나 강점을 기반으로 자유롭게 역할을 넓혀가고 직무의 경계를 넘나들며 새로운 가치를 창출할 수 있는 조직이 건강한 조직이라고 생각한다. 직무는 정해진 틀이라기보다는, 사람과 함께 유기적으로 진화해야 하는 개념이다. 그래서 나는 경계를 허무는 일을 한다. 일이라는 건, '여기까지는 백엔드 개발자', '여기까지는 퍼포먼스 마케터'라는 식으로 딱 잘라 구분하기 어렵다. 배너 하나를 만드는 일만 봐도 그렇다. 그 안에는 브랜드 전략도 필요하고, 카피라이팅도 필요하고, 디자인도 필요하다. 단일한 직무로 설명할 수 없는 여러 역할이 얼기설기 얽혀 있다.

많은 사람이 마케팅, 개발, 디자인, 인사, 재무 등 직무를 마치 태생적으로 구분된 무언가로 생각하지만, 사실 그건 사람이 만들어낸 구조일 뿐이다. 처음부터 구조가 존재했던 것이 아니다. 실질적인 일이 먼저 있었고, 그 일을 효율적으로 해내기 위해 구조를 만들었던 것뿐이다. 진화도 그렇다. 우리는 생물을 포유류, 조류, 어류 등으로 분류하지만, 그 분류를 보고 생물을 먼저 정의한 게 아니라 생물이 진화한 결과를 보고 나서 그렇게 구분한 것이다. 그렇게 분류했을 때 생물을 이해하기 편하고 쉽기 때문이다.

나는 마케터로 태어난 것도, 백엔드 개발자로 태어난 것도 아니다. 누군가는 어떤 일을 더 잘하고, 누군가는 아직 경험이 없어서 그 일을 잘 못할 수는 있겠지만, 본질적으로는 경험의 차이일 뿐이다. 일단 해보면 누구든지 잘할 수 있는 가능성이 있다. 직무 간에 자연스럽게 겹치는 영역들이 생길 때, 오히려 조직은 더 유연하고 건강하게 돌아간다. 경계가 아니라 흐름을 만들어가는 것, 그것이 내가 지향하는 방식이다.

농구에서도 센터가 빠지면 포워드가 자리를 메우고, 포워드가 빠지면 가드가 그 역할을 대신하듯이, 나는 각자의 역할을 너무 엄격하게 구분하지 않는다. 물론 누군가는 특정 포지션에서 뛰어난 기량을 발휘할 수도 있고, 누군가는 익숙해지는 데 좀 더 시간이 필요할 수도 있다. 중요한 건 서로 돌아가며 다양한 역할을 경험해보는 것이다. 경험이 없어서 못하는 것이지, 능력이 없어서 못하는 건 아니다. 누구에게나 새로운 일을 해낼 수 있는 잠재력은 충분히 있다. 단지 그 잠재력을 펼칠 수 있는 환경이 주어지지 않았을 뿐이다. 그리고 그 판을 깔아주는 것이 바로 내 역할이 아닐까 싶다.

역할이라는 것은 고정된 정답이 아니라, 상황에 따라 유연하게 채워질 수 있는 공간이다. 유연하게 서로의 역할을 채워가다 보면, 개인의 역량은 확장되고 조직은 더욱 탄탄하고 유기적으로 돌아가리라 생각한다.

6

이길 때는
피도 눈물도 없다

명예로운 죽음을 맞이할 것인가

• • •

사업을 하다 보면, 이미 끝났다는 느낌이 들 때가 있다. 끝까지 보지 않고도 결과가 어떨지 뻔히 보이는 스포츠 경기처럼 말이다. 서비스가 한계를 드러내며 서서히 정체되다가 마침내 완전히 멈춰버리면, 마음이 아프지만 이 서비스는 더 이상 어렵겠다는 결론에 이르게 된다. 이럴 때일수록 서비스를 다시 살려내기 위해 젖 먹던 힘까지 내야 하는 게 맞는데, 그러지 못하는 경우가 더 많다. 자책과 자조가 먹구름처럼 나를 지배하기 때문이다.

경기에서 진다고 다 똑같은 '패배'가 아니다. 나는 기권패는 하고 싶지 않다. 지더라도 끝까지 물고 늘어져서 상대 선수로 하여금 '좋은 경기였다'고 인정할 수밖에 없는 그런 경기를 펼치고 싶다. 팬들의 입장에서도 '졌지만 잘 싸웠다'고 박수를 보내줄 수 있는 경기를 치르고 싶다. 전쟁으로 치면 '명예로운 죽음' 같은 것이랄까.

미국 드라마 〈바이킹스vikings〉를 보면, 전투에서 승리한 바이킹의 부하들이 적군의 장수를 농락한다. 그때 바이킹을 이끄는 우두머리가 등장해 자신의 부하들을 나무라고, 적군의 장수에게는 최고의 예우를 갖춰 명예로운 죽음을 선사한다. 비록 패배한 장수이지만, 죽음을 무릅쓰고 전투에 임한 그의 용기와 헌신에, 같은 장수로서 존경을 표하는 행동이다.

나 또한 운이 좋아서 지금 이 자리에 있지만, 운이 나빴다면 피정복자의 장수처럼 장렬히 죽음을 맞이했을 수도 있다. 그래서 〈바이킹스〉를 보면 승리한 장수와 패배한 장수 모두에게 공감이 된다. 만약 내가 패배한 장수라면 명예로운 최후를 맞이하고 싶고, 반대로 승리한 장수라면 패배한 장수가 명예롭게 기억될 수 있도록 해주고 싶다.

최근 회사를 인수했다. 나는 인수하는 회사의 대표님에 대한 예우를 최대한 갖추고자 했다. 그가 지금까지 제공해 온 서비스의 가치에 존중을 표하고, 마지막 순간까지 그의 명예를 지켜주고자 했다. 또 다른 회사를 인수할 때도 같은 마음이었다. 직원 한 사람 한 사람과 1:1 미팅을 진행하면서 그들이 걸어온 길과 노력을 진심으로 리스펙한다는 메시지를 전했다. 우리 회사가 당신들의 인생이라는 값진 투자를 받았다고. 그래서 고맙고 기쁘다고.

사실 회사의 인수가 진행 중이라는 건 현재 회사가 어려운 상황에 처했다는 것을 의미한다. 나는 그런 회사의 대표님들을 대할 때 더더욱 존경하는 마음을 갖는다. 버티기 힘든 상황이었음에도 불구하고 회사와 서비스를 지키기 위해 온 힘을 다했을 그들의 헌신과 노고에 절로 고개가 숙여지기 때문이다. 간혹 상황이 좋지 않은 회사나 대표, 직원들을 폄훼하는 말을 들을 때가 있다. 그럴 때면 마음이 불편해진다. 단순히 결과가 좋지 않았다는 이유로 상대를 깎아내리는 건 매우 경솔한 언사가 아닐 수 없다. 우리도 사실 운이 좋았을 뿐, 순수한 실력과 노력만으로 성공한 건 아니라는 점을 절대 잊어서는 안 된다.

질 때는 쉽게 지지 않는다

· ○ ·

불과 얼마 전까지만 해도 우리도 생존의 위기에서 벗어나기 위해 고군분투했던 때가 있었다. 만약 누군가 내게 자비스앤빌런즈를 인수하겠다는 제안을 했더라면, 우리도 어쩌면 저들과 같은 운명에 처해 있었을 수도 있다. 우리는 단지 운이 좋았기에 살아남았을 뿐이며, 저들은 지금 단지 운이 부족했을 뿐이다. 그 이상도 그 이하도 아니다.

세상 사람들은 종종 결과만을 보고 사람을 평가한다. 그들이 모르는 것은, 사람에게 주어진 인풋과 그로 인해 만들어진 아웃풋 사이의 복잡한 중간 과정이다. 많은 이들이 오직 결과만이 자신의 정체성이라고 믿는다. 성공하면 자만하고, 실패하면 자괴감에 빠지는 이유이다. 그러나 진정한 정체성은 결과 그 자체가 아니라, 그 결과를 만들어낸 과정과 노력에 있다.

나라는 사람을 AI로 복제한다고 해보자. 그리고 이걸 아주 단순화하여 $y=f(x)$라는 식으로 나타내보자. 여기서 x는 나를 둘러싼 환경(=인풋)이고, f는 나의 정체성, y는 현재 내가 만들어낸 결과(=아웃풋)이다. 여기서 f는 눈에 보이지 않고 추상적인 개념이라 파악하기 어렵다. 바로 쉽게 눈에 띄는 것은 x와 y이다. 사람들은 결과를 보고 성공했으면 성공한 사람, 실패했으면 실패한 사람으로 낙인을 찍는다. 환경을 이유로 편하게 성공한 것으로 판단할 수도 있겠지만, 사실 그것만으로 그 사람의 전부를 알기는 어렵다. 진정한 나의 정체성은 결과가 좋을 때나 안 좋을 때 각각 거기에 어떻게 대응하는지에 따라 결정된다. 내가 어떻게 대응하느냐에 따라 나의 정체성을 선택하고 바꿀 수 있다.

7

버틸 때와
피벗할 때

피벗의 적절한 타이밍

· ○ ○ ·

지금까지 만들었던 서비스는 20개가 넘는다. 5년 전엔가 서비스가 어떤 것들이 있었는지 한번 세어보고 그 뒤로는 세어보지 않았다. 그 과정에서 시도했던 프로젝트가 못해도 서비스당 5개가 넘으니, 프로젝트로 치면 100개는 족히 넘는다. 그중 성공했다 싶은 프로젝트 또한 10%가 채 되지 않는다. 이렇게나 많은 서비스와 프로젝트를 진행했건만, 왜 Go, No Go를 결정해야 할 때면 자꾸만 자신이 없어질까. 지나고 보면 그때 그렇게 결정하길 잘했다 싶지만, 그 순간

만큼은 정말이지 살이 떨릴 정도로 긴장되고 겁이 난다. 속된 말로 무지 쫄린다.

다년간의 경험으로 나름 확립한 Go, No Go 의사결정의 기준이 있다. 개념적이기는 하지만 이 기준 덕분에 내 결정에 확신이 생겼고, 의사결정 상황에서 좀 더 자신감 있는 선택을 할 수 있게 되었다. 결과 또한 긍정적인 경우가 많았다. 바로 '극대점local maximum'과 '최댓값global maximum'이다. 우리가 아주 작은 개미인데, 산의 정상을 향해 등반을 한다고 생각해보자. 일단 조금 앞으로 움직여보고 고도가 올라

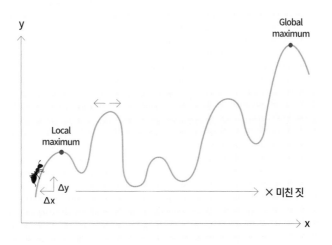

가면 계속 그 방향으로 나아간다. 그러다가 고도가 낮아지는 순간이 찾아오면, 바로 그 지점이 극대점이다. 아주 정확한 극대점을 찾고 싶다면 보폭을 줄여서 움직여야 한다. 그러면 근방에서 가장 높은 지점을 찾을 수 있다. 문제는 여기서부터인데, 지금 찾은 지점보다 더 높은 지점이 없다는 건 어떻게 알 수 있을까. 개미에겐 지도도 없고, 나침반도 없다. 조언을 해줄 친구도 없다.

그 순간이 바로 피벗을 고민할 적절한 타이밍이다. 이제 대략 이 근방의 최고 고도는 알아냈다. 보폭을 줄여서 더 높은 지점을 찾아봐야 지금 찾은 지점보다 그리 높지 않다. 만일 그 고도가 예전에 올랐던 예봉산(고도 678m) 정도라면, 아무리 보폭을 줄여 정밀하게 근방 최고 고도 지점을 찾아봐야 700m를 넘을 수 없다. 평생을 그 로직 안에 갇혀서 700m는 넘어보지도 못하고 생을 마감해야 한다. 그 삶이 만족스럽다면 이제 걸음을 멈추고 마음 편히 경치를 즐기는 여유를 누리면 된다.

새로 시작하는 피버팅

이 세상에는 예봉산 정도로 성에 안 차는 개미도 분명 있을 것이다. 한 번 사는 인생, 최댓값을 찍어보고 싶다면, 죽더라도 에베레스트산(고도 8,848m) 정상을 찍어야겠다면 어떻게 해야 할까. 이전의 로직을 다 버리고, 이전의 로직으로는 절대 해서는 안 되는 미친 짓을 해야 한다. 큰 보폭으로 지금 머물러 있는 최고 고도 지점을 완전히 벗어나 새로 시작해야 한다. 개념적으로 그것을 난 '피버팅 pivoting'이라고 생각한다.

리멤버는 프로필미에서 피벗하여 만든 서비스였다. 1년 동안 다양한 시도를 하며 서비스를 키웠는데, 이 다양한 시도들이 개미의 작은 보폭이라 할 수 있다. 그렇게 작은 보폭으로 끊임없이 움직이며 나름 극대점을 찾았는데, 그게 사용자 30만 명이었다. 5년 정도 계속 작은 보폭으로 움직인다면 가입자 100만 명까지는 어떻게든 해볼 수 있을 것 같은데, 그 이상은 어렵겠다는 판단이 들었다. 가입자 100만 명이라는 극대점을 찾기 위해 5년이라는 시간을 투자해야 한다고 생각하니 아까웠다. 그때 리멤버(가 아니라면 그 무엇으로라도)로 피벗해야겠다는 결정을 내렸다.

자비스앤빌런즈에서는 삼쩜삼 이전에 자비스라는 소상공인 대상 세무 기장 서비스를 제공하고 있었다. 5년간 꾸역꾸역 성장시켜놓고 나니, 연 매출 30억 원으로 손익분기점을 넘겼다. 앞으로 5~10년 정도 더 하면 연 매출 100억 원에 영업이익 20~30억 원 정도로 키울 수 있을 것 같았다. 그런데 그때가 되면 난 더 이상 새로운 무언가를 시작할 에너지가 남아 있지 않을 것 같았다. 여기서 만족할 것인가? 선택의 순간이었다. 이유는 모르겠지만, 더 해보고 싶은 욕심이 생겼다. 매출 1,000억 원이라는 최댓값을 찍는 비즈니스에 도전해봐야겠다는 생각을 했고, 정말 운 좋게 삼쩜삼을 런칭할 수 있었다.

지금도 또 그런 시기를 지나고 있다. 이번엔 피벗이라기보다는 확장이지만. 사업을 확장한다는 것은 기존 비즈니스를 약화시킬 리스크도 안고 있기에, 피벗만큼 어려운 결정이다. 이 결정이 훗날 어떤 평가를 받을지는 앞으로 내디딜 과감한 큰 보폭의 도전 정신과 작은 보폭의 성실함이 결정해줄 것이다.

완벽보단
완성
시간내
최선의 결과를
지향한다.

we make your money
we save your time
we find your right

Jobis&Villains

행동하지 않으면
아무 일도 일어나지 않는다

1

위기 상황
시뮬레이션

낙하산을 펼쳐보는 연습

• ○ •

위기 상황 시뮬레이션은 내 사업 훈련 방법 중 하나로, 위기 상황을 미리 상상해보는 것이다. 내가 계획한 대로 서비스가 돌아가지 않았을 때, 원하는 대로 이루어지지 않았을 때, 가지고 있는 돈이 떨어졌을 때, 회의할 때 유독 침울했던 직원이 퇴사하겠다고 할 때 등등 일련의 위기 상황을 미리 연습해본다. 부정적인 상상이다. 사실 사업을 할 때는 낙관적인 관점을 가지라는 말을 많이 한다. 나는 양쪽의 관점이 다 필요하다고 생각한다. 낙관적으로 생각하면 잘되는 일에는 도움이 되지만, 무턱대고 낙관적이기만 하다면 한 방에 훅 갈 수도 있으니 말이다.

탄환 열 개가 들어가는 총에 총알을 단 한 발만 장전한 뒤 방아쇠를 당겼을 때 총알에 맞지 않으면 1억 원을 받을 수 있는 게임이 있다고 가정해보자. 성공 확률이 무려 9할이나 되는 거저먹는 게임이라고 생각하기 쉽지만, 절대 해서는 안 되는 게임이다. 1할의 낮은 실패 확률일지라도, 총알에 맞으면 바로 죽기 때문이다. 아무리 내게 돌아오는 이득이 크더라도 한 방에 나락으로 떨어질 수 있는 베팅은 무조건 피해야 한다. 낙관론은 견지하되, 최악의 위기 상황이 적어도 총알에 맞는 일은 아니어야 한다. 아무리 실패할 확률이 낮다고 할지라도, 승률이 100%가 아닌 이상 확률상 한 번은 총알이 발사되도록 설계된 게임이다. 일단 생존해야 다음도 있다. 그러니 한 방에 죽을 수도 있는 상황은 미리미리 제거해야 한다.

나는 전공이 항공우주공학이기도 하고, 최근에 슬픈 비행기 사고를 많이 접하면서 위기 상황에 대해 더 많은 생각을 하게 된다. 비행기의 경우 사고가 나면 수많은 인명 피해로 직결되기 때문에 다양한 안전장치를 해둔다. 항로 설계를 예로 들면, 비행기는 엄청난 유류비를 조금이라도 아끼기 위해 당연히 최단 거리의 항로로만 다닐 것 같지만, 그렇지 않다. 만약의 사태를 대비해 비행기가 항로의 어느 지점을 비행하든 두 시간 이내에 비상착륙이 가능하도록 항로를 설계한다. 사업을 할 때도 똑같다. 최악의 위기 상황에 대응할 수 있는 최소한의 안전장치를 마련해두어야 한다.

서비스는 망해도 회사는 망하지 않는다

● ○ ●

패러글라이딩을 취미로 할 때도 그랬다. 갑자기 불어닥친 돌풍으로 메인 날개가 손상을 입거나 줄이 끊어지는 등의 문제가 발생했을 때를 대비해서 하네스harness, 기구에 몸을 연결하기 위해 착용하는 장비 안에 조그마한 보조 낙하산이 있다. 보조 낙하산은 비상착륙 시 파일럿의 목숨을 구해주는 생명줄과도 같다.

가장 안타까운 건 예기치 못한 위기 상황에 몸이 굳어버려 보조 낙하산을 펼치지 못해 큰 사고로 이어지는 경우이다. 보조 낙하산만 펼쳤어도 목숨은 구할 수 있었을 텐데,

참 마음이 아프다. 이런 불의의 사고를 미연에 방지하기 위해 필요한 것이 바로 '위기 상황 시뮬레이션'이다. 사실 패러글라이딩을 하면서 보조 낙하산을 펴볼 일이 없긴 하다. 그래서 일부러라도 지상에서 보조 낙하산을 펴보는 연습을 해야 한다. 우리가 학교에서 심폐소생술을 배우는 것도 같은 이유이다. 살면서 내가 직접 심폐소생술을 할 일이 얼마나 있을까 싶겠지만, 지극히 낮은 확률일지라도 확률은 확률이니 대비가 필요하다.

사업을 할 때도 미리 사고실험을 해보는 것이 좋다. 내가 이런 상황이 되면 구조조정을 할 수도 있겠구나. 그럼 구조조정은 어떻게 해야 하나. 구조조정을 해본 다른 대표의 조언도 미리 들어본다. 서비스가 잘 안되면 어떡하지. 머릿속으로 시뮬레이션을 돌려보거나 엑셀로 상황을 점검해본다. 그러면 진짜 위기 상황이 닥쳤을 때 우왕좌왕하며 시간을 허비하지 않고, 신속하게 대응해나갈 수 있다.

한 번쯤 나에게 최악의 상황이 닥쳤을 때를 상상하며, 그때 나는 어떻게 살아남아야 할지 미리 생각해볼 필요가 있다. 좀 아이러니하지만, 그 시뮬레이션만으로도 그런 상황이 오지 않게 하는 데 도움이 된다. 가만 생각해보면 나는 망한 서비스는 많지만, 회사가 아예 망한 적은 없다. 자비스앤 빌런즈는 내가 세 번째로 창업한 회사이다. 첫 번째 회사였던 아이티에이치에서 번 돈으로 리멤버를 시작했다. 삼쩜삼은 리멤버로 번 돈으로 만들었다. 위기 상황 시뮬레이션은 삼쩜삼을 할 때도 이어졌다. PM은 주로 기획하는 단계에서 바쁘고, 개발자나 디자이너들이 본격적으로 서비스를 만드는 시점에는 어느 정도 시간적 여유가 생긴다. 사실은 그 시간 동안 삼쩜삼이 잘 안되면 어쩌나 하면서 다음 아이템을 준비하고 있었다. 세금계산서를 톡으로 보내는 '세계톡'이라는 서비스였다. 프로토타입까지 만들었지만, 안타깝게도 삼쩜삼이 잘되는 바람에 세상에 소개되지 못했다. 패러글라이딩을 하면서 낙하산을 펼쳐보는 위기 상황 시뮬레이션을 한다는 것은 그런 것이다. 서비스는 망해도 회사는 망하지 않도록.

2

투자의
모든 것

감추고 싶은 속살을 드러내야 한다

· ○ ·

투자 유치는 언제나 엄청난 에너지 소모를 요구한다. 다른 사람들도 그렇게 느끼는지는 모르겠지만, 나에게 투자 유치는 늘 두렵고 부담스러운 과정이다. 한두 명에게 승낙을 받기 위해 최소한 십여 명의 투자자들에게서 혹평을 들어야 하는 현실은 결코 좋은 경험이라고 할 수 없다. 투자자들을 만날 때마다 사업 소개서를 펼치며, 재무제표나 주주 변동 히스토리 등 내가 감추고 싶은 속살을 고스란히 드러내야 한다.

매출이 급락하거나, 가입자가 갑자기 늘었다가 이탈하는 등 사업의 기복을 하나하나 끄집어내서 그 원인을 설명해야 하는데, 처음 만난 상대방은 우리 회사나 나에 대해 전혀 모르거나 관심이 없는 경우가 많다. 그래서 가끔은 투자 유치 과정이 연애를 시작하는 과정과 비슷하게 느껴진다. 나에게 아무런 관심이 없는 상대에게 어떻게든 다가가 나의 진짜 모습을 설명하고 설득한 뒤, 마침내 나랑 사귀자고 고백하는 그런 과정 말이다. 결국 투자를 받는다는 것은 원하는 것이 많은 사람이 기꺼이 을의 위치에 머무르는 과정과 같다. 나는 돈을 원하고, 투자자들은 투자할 사람 중 단 한 명을 선택하면 되는 것이다. 물론 투자자들 중에는 제발 자기 투자 좀 받아달라며 세일즈를 하는 이들도 있지만, 대부분은 돈을 받는 쪽이 먼저 설득해야 하는 상황이다. 이런 과정 자체가 감정적으로 매우 고되고, 때로는 마음까지 지치게 만든다.

창피하다. 처음 만난 사람에게 내 것을 너무 많이 보여주는 느낌이다. 주주 변동 사항, 재무제표 그리고 회사의 보안 자료 등 평소에는 노출하고 싶지 않은 세부적인 것들까지 너무 쉽게 요구한다. 그렇게 모든 자료를 제공했음에도 불구하고 투자자에게 거절당하는 경우가 부지기수이다.

가장 이상적인 상황은 자료 요청 없이 바로 투자를 받는 경우이다. 그다음은 자료 요청이 많더라도 결국은 투자를 해주는 경우, 그다음은 자료 요청이 많으면서도 투자는 이루어지지 않는 경우이다. 최악은 투자 여부에 대해 명확하게 결정해주지 않고 빙빙 말을 돌리며 계속 시간을 끄는 경우이다. 처음에는 순진하게 기다렸다. 그러면서 상처도 많이 받았다. 이제는 익숙해져서 적절한 순간에 내가 먼저 선을 긋는다.

투자의 단계

투자를 받을 때는 자존감이 많이 낮아진다. 단기간에 몇 번씩 차이는 경험을 수시로 하게 된다. 최악은 전날 누군가에게 차이고, 다음 날 또 다른 누군가에게 차일 확률이 99%인 상황에서도, 자신감을 가지고 피칭을 해야 한다. 마치 한 번도 차인 적이 없는 사람처럼 말이다. 이때 에너지를 가장 많이 쓴다. 바로 직전에 안 된다는 이야기를 듣고도, 같은 얘기를 또 해야 한다(물론 피칭을 하면서 조금씩 바꾸긴 하지만). 남녀 관계에서도 고백하고 차이면 상처 받은 마음을 회복할 시간이 필요한데, 회복은커녕 아예 없던 일처럼 생각하고 바로 다음 대상에게 고백하러 가는 꼴이다.

투자자를 만나는 과정은 여러 단계로 이루어져 있다. 보통 지인 소개로 투자자와 티타임을 갖는다. 첫 만남에는 마치 소개팅처럼 가볍게 서로 이야기를 나눈다. 나는 이때 사업계획서를 가지고 가서 왜 사업을 시작했는지, 앞으로 어떻게 전개해나갈 것인지, 시장에 대해서 어떤 전망을 가지고 있는지 등을 설명한다. 이 과정은 서로의 인상을 가늠해보는 정도의 만남이다.

만약 그 만남에서 투자자가 긍정적인 인상을 받았다면 자료를 보내달라고 요청한다. 그러면 사업계획서, 재무제표, 프로젝션projection, 현 상황을 근거로 한 향후 매출, 비용, 이익, 트래픽 등에 관한 예측, 주주명부, 주식 변동표 등 회사의 전반적인 정보를 담은 패키지를 보낸다. 이 자료들은 담당자가 주간 또는 보름 단위로 검토하여, 회사 상황을 요약한 보고서를 작성하고 피드백을 제공한다. 그에 따라 자료는 점점 보완되고, 최종적으로 투자사 내에서 심도 있는 보고서가 만들어진다.

이제 투자심의위원회가 열릴 차례다. 완성된 보고서와 그동안의 자료를 바탕으로 열띤 회의를 거쳐 투자 여부를 결정한 후 결과를 알려준다. 만약 투자 결정이 내려지면, 투자 액수, 기업 가치, 조건 등에 관해 협의하며 계약 단계로 접어든다. 이때 계약서 조항에 따른 유불리를 따지고, 최종적으로 투자 계약이 성사되면, 자금이 입금되고 모든 과정은 마무리된다. 상황에 따라 다르지만 좀 더 엄격한 절차로 진행될 경우에는 주주간담회 과정이 추가되기도 한다.

좋은 투자자와 나쁜 투자자

● ○ ○

좋은 투자자와 나쁜 투자자를 구분하는 가장 효과적인 방법은 바로 레퓨테이션reputation, 즉 평판을 확인하는 것이다. 먼저 투자자가 과거에 어떤 분야에, 어느 회사에 투자했는지를 살펴보고, 그 투자 대상 회사에 직접 연락하여 투자자에 대한 평가를 들어보는 방법이 있다. 물론 이는 을이 갑을 평가하는 것처럼 민감하게 느껴질 수 있지만, 서로 상호 검증하는 과정은 모든 회사가 당연히 수행하는 기본적인 절차이다. 마치 결혼 전에 서로의 가족관계나 건강, 재정 상태 등을 확인하는 것이 자연스러운 일인 것처럼 말이다.

구두로 투자를 해준다는 얘기를 듣는다고 해서 마냥 기뻐만 하고 있으면 안 된다. 물론 투자를 해준다는 건 정말 감사한 일이지만 기본적인 사항을 꼼꼼히 체크하지 않으면 나중에 더 큰 문제가 발생할 수 있다. 투자사의 평판을 체크할 때는 너무 한 사람의 얘기만 듣고 섣불리 투자사를 단정 지으면 안 된다. 그건 말 그대로 한 사람의 경험이기 때문이다. 어떤 사람이 특정 투자사에 대해 좋은 얘기만 한다면, 그 투자사가 좋은 회사일 수도 있지만, 그 사람이 투자사와 특별히 좋은 경험이 있었기 때문일 수도 있다. 그래서 나는 좋게만 얘기하는 사람에게는 반대로 불편한 일은 없었는지 물어본다. 또, 해당 투자사의 포트폴리오에 있는 다른 회사에 가서, 투자사가 홍보하는 회사 말고 감춰져 있는 실패 사례도 알아본다. 평판이 안 좋은 투자사도 똑같다. 안 좋은 몇 가지 경험들이 기억 속에서 부풀려져 부정적인 인식으로 자리 잡았을 가능성을 배제할 수 없다. 그렇기에 해당 투자사에 대해 좋은 경험을 한 회사를 찾아보며 최대한 균형 있는 시각을 가지려고 한다.

첫 투자가 중요한 이유는 첫 투자자가 이후 투자자들의 레퍼런스가 되어줄 수도 있고, 주주로서 아군이 되어줄 수도 있기 때문이다. 반대로 첫 투자자를 잘못 만나면 앞으로의 사업에 큰 부담이 될 수도 있다. 그러므로 투자사의 평판을 알아볼 때는 좋은 면과 나쁜 면을 최소한 하나씩은 확보하여 투자사에 대해 입체적으로 확인하려는 노력이 필요하다.

여담으로, 피칭 전에 내 기분이 너무 가라앉아 있으면, 투자자 입장에서는 내가 열정이 없어 보일 수 있을 것 같아 SBS 라디오 〈붐붐파워〉를 많이 들었다. 또, 자자ZaZa의 〈버스 안에서〉라는 90년대 댄스곡은 내 최애곡으로, 이 노래를 들으면서 열정을 끌어올렸다.

3

경쟁업체는
경쟁의 대상이 아니다

'경쟁'이 아닌 '동족'

● ○ ●

한국 사회에서는 '경쟁'이라는 단어가 자주 적대적인 감정과 동일시되는 것 같아 아쉽다. 하지만 경쟁은 같은 분야에서만 일어날 수 있는 일이기 때문에, 경쟁업체는 일종의 '동족'이라고 할 수 있다. 같은 업계에 속해 있고, 만약 협회를 만든다면 자연스럽게 함께할 사람들이다. 일에 대한 미션과 비전도 가장 많이 닮아 있을 뿐만 아니라, 업계에 위기가 닥친다면 업계를 위해 힘을 모으고 목소리를 내줄 확률이 가장 높은 사람들이기도 하다.

나는 어떤 문제에 부딪혔을 때 나를 가장 깊이 이해해준 수 있는 사람이 경쟁업체 대표들이라고 생각한다. 처한 환경도 비슷하고, 같은 언어로 같은 고민을 하는 사람들이기 때문이다. 넓은 의미에서 그들을 '동료'로 보는 것이 자연스럽지만, 현실은 그렇지 않다. 회사 내부에서도 경쟁업체 이야기가 나오면 비판부터 한다. 그 회사는 서비스가 부족하다, 사내 문화가 별로다, 운영을 잘 못한다 등의 평가가 뒤따른다.

사실 우리 서비스가 잘되지 않거나 실패하는 가장 큰 이유는 경쟁업체 때문이 아니라, 시장 자체가 없기 때문인 경우가 훨씬 많다. 그래서 시장이 형성되는 초기 단계에는 경쟁보다 협력이 훨씬 유리하다. 함께 시장을 키운다는 관점이 서로에게 더 나은 결과를 가져다준다.

물론 시장 규모가 작으니 우리가 시장을 다 가져야 의미가 있다는 주장도 설득력이 있지만, 경쟁업체에 과도하게 신경 쓰는 건 오히려 독이 된다. 경쟁업체를 시장에서 밀어내기 위해 지나치게 애쓰거나, 그들과 다르게 보이려고 집착하는 태도는 스스로의 일에 도움이 되지 않는다. 경쟁업체가 새로운 기능을 내놓았다고 해서 깊은 고민 없이 그대로 따라 하거나, 반대로 경쟁업체가 하는 일은 무조건 피하려고 한다면, 일의 기준이 '고객'이 아니라 '경쟁업체'가 되고 만다. 그러면 점점 일의 본질, 더 정확히 말하면 고객으로부터 멀어지게 된다.

경쟁업체가 중요한 게 아니라, 고객의 선택이 중요하다.
결국 우리가 집중해야 할 건, 경쟁업체가 아니라 고객이다.

우리의 게임은 단순하다. 고객을 만족시키면 이기고, 고객을 만족시키지 못하면 진다. 하지만 자꾸 경쟁업체를 의식하느라 고객을 제대로 보지 못한다. 게임의 룰을 잘못 이해한 것이다. 우리 일은 1:1 경쟁 게임이 아니다. 내가 게임을 잘 못해도 경쟁업체가 나보다 더 못하면 내가 이긴다는 식의 생각은 버려야 한다. 고객의 마음을 얻는 것이 유일하게 중요한 일이다. 그런데 경쟁업체가 실수하면 괜히 기분이 좋아지고, 잘하면 쓸데없이 자신감을 잃는다. 그럴 필요가 전혀 없는데도 말이다.

경쟁업체는 같은 문제를 함께 풀어가는 존재다

● ● ●

세금 환급 서비스의 세 가지 원칙은 더 많이, 더 편리하게, 더 안전하게다. 만약 경쟁업체가 이 중 하나를 우리보다 잘 한다면, 우리는 나머지 영역을 더 잘하면 된다. 핵심은 변하지 않는다. 문제의 본질은 여전히 고객에게 집중하는 것이다. 고객을 위해 무엇을 해야 할지 모를 때는 마음이 조급해진다. 하지만 서비스의 본질을 정확히 이해하고 있다면, 경쟁업체의 움직임은 그저 참고할 수 있는 좋은 자료일 뿐이다.

예를 들어, 더 편리한 서비스 방식을 찾고 있던 중에 다른 회사의 서비스가 편리하게 느껴졌다면, 그 방법에서 영감을 얻어 우리 서비스에 맞게 개선하면 된다. 이 문제는 우리만 푸는 게 아니다. 경쟁업체 역시 같은 문제를 함께 풀고 있는 존재다. 경쟁업체가 어떤 기능을 도입했는데 고객 반응이 좋지 않았다면, 우리는 그 시행착오를 반복하지 않아도 된다. 경쟁업체는 우리의 시행착오를 줄여주고, 새로운 아이디어를 떠올릴 수 있게 해주는 고마운 존재다. 그러니 경쟁업체에 대한 맹목적인 경쟁의식은 일하는 데 방해만 될 뿐 전혀 도움이 되지 않는다.

경쟁은 막을 수 없다. 먼저 시장에 들어왔다고, 깃발을 먼저 꽂았다고 경쟁이 멈추는 것도 아니다. 경쟁업체를 어떻게 우리의 전략 안에서 의미 있게 활용할 수 있을 것인가 그것이 관건이다. 경쟁업체에 대한 이러한 관점을 유지할 때, 우리는 더욱 현명하게 성장할 수 있다.

'사촌이 땅을 사면 배가 아프다'는 속담이 있다. 하지만 나는 경쟁업체가 가치를 인정받아 큰 투자를 받았다는 소식을 들어도 배가 아프지 않다. 오히려 시장에 대한 관심이 커지고 있다는 신호라고 해석한다. 그 회사보다 우리가 더 잘하면 결국 우리의 가치 또한 높아질 가능성이 크다. 중요한 건 경쟁업체가 잘하느냐 못하느냐가 아니라, 우리가 얼마나 잘하고 있느냐다.

4

부정 에너지에
끌려가지 않는 법

부정 에너지도 에너지이다

· ○ ·

망한 서비스는 많은 에너지를 투입했음에도 불구하고 효율성이 떨어진 결과라고 생각한다. 발전기가 연료는 많이 먹는 데 비해 효율이 낮아 제대로 전기를 생산하지 못하는 것과 같다. 결국 서비스가 실패했다는 것은 효율이 부족했음을 의미한다. 리멤버가 가입자 100만 명을 달성할 수 있었던 건 그만큼 에너지를 효율적으로 사용했기 때문이다. 물론 이 성과는 나 혼자 만든 것이 아니라, 팀이 함께 구축한 플랫폼 위에 사용자들이 콘텐츠를 더해 만들어진 것이다.

플랫폼은 콘텐츠를 담는 그릇 역할을 하고, 그릇이 잘 마련되어야 서비스가 제대로 운영될 수 있다.

부동산에서도 이런 에너지 원칙이 적용된다. 어느 지역의 땅값이 오르는 것은 주변 인프라가 개선되면서 그 에너지가 땅의 가치를 높여 가격 상승으로 이어지는 결과를 낳기 때문이다. 우리는 어떤 무언가를 만들어내기 전에 에너지원이 무엇인지 고민해야 한다. 마치 석탄의 열에너지가 전기에너지로 변환되거나 높은 곳의 위치에너지가 운동에너지로 전환되는 것처럼, 성공적인 결과를 위해서는 에너지의 원천이 필요하다.

에너지의 시작점은 '나'여야 한다. 내 안에 서비스를 만들고 싶은 에너지가 있는지 먼저 파악해야 한다. 그다음으로 에너지를 어떻게 효율적으로 변환할 것인지, 그리고 서비스 운영 중 필요한 에너지를 어떻게 지속적으로 공급받을 것인지에 대해 고민해야 한다.

사업을 시작할 때 많은 사람이 자기 꿈을 가지고 출발한다. 개인의 경험, 희망, 동기를 긍정 에너지로 삼으면서 말이다. 이런 에너지는 기분이 좋아지는 에너지다. 그런데 꿈보다 더 강한 에너지가 있다. 바로 생존을 향한 에너지이다. 죽느

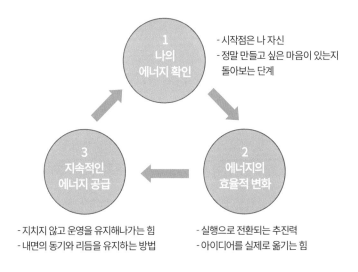

- 시작점은 나 자신
- 정말 만들고 싶은 마음이 있는지
  돌아보는 단계

1
나의
에너지 확인

2
에너지의
효율적 변화

3
지속적인
에너지 공급

- 지치지 않고 운영을 유지해나가는 힘
- 내면의 동기와 리듬을 유지하는 방법

- 실행으로 전환되는 추진력
- 아이디어를 실제로 옮기는 힘

냐 사느냐 문제와 결부된 에너지이기 때문에 아무리 힘들고 괴로워도 반드시 행동해야 하는 원동력이 된다. 때로는 승부욕에서 비롯된 에너지가 큰 동력이 되기도 한다. 한일전을 떠올리면 이해가 쉬울 것이다. 단순히 이겨야 한다는 마음보다 특정 상대에게만큼은 절대 질 수 없다는 집착이 그 무엇보다 강력한 에너지로 작용한다.

내 전부와도 같았던 드라마앤컴퍼니를 떠나 자비스앤빌런즈로 새출발을 했다. 야심차게 자비스 서비스를 시작했지만 잘 풀리지 않았다. 자금이 바닥나고 직원들도 하나둘 떠났다. 그럼에도 나는 자비스를 포기할 수 없었다. 여기서 그만두면 지금까지 쏟아부은 나의 모든 에너지가 무의미해진 다고 생각하니 억울했다. 그런데 그 억울함이 나를 일어서게 했다. 리멤버가 가입자 300만 명을 돌파했을 때, 자비스는 1,000만 명 규모의 서비스를 만들겠다는 목표를 세웠다. 사실 이 목표는 꿈이나 희망과 같은 순수한 동기가 아닌, 부정의 감정(억울해서라도 내가 리멤버보다는 반드시 잘나가는 서비스를 만들겠다는 강한 의지)에서 비롯되었다. 나는 이 에너지를 나에게 닥친 시련과 고난을 극복하는 데 의식적으로 활용하려고 했다. 부정 에너지가 성장의 동력으로 전환되는 순간이다.

완벽한 승리란

● ○ ●

나에게 완벽한 승리는 상대를 굴복시키는 것이 아니라, 싸움 자체가 무의미해지게 만드는 것이다. 내 인생에서 그 일이 하찮은 일이 되어 기억조차 희미해지는 것이 진정한 승리라고 생각한다.

자비스앤빌런즈 초기에는 리멤버 관련 기사와 가입자 수가 자꾸 눈에 들어왔다. 리멤버는 가입자가 꾸준히 늘어나는데, 자비스는 정체되어 있었다. 나는 점점 초라해졌고, 기사 속 리멤버는 더욱 대단해 보였다. 주변에서는 "왜 리멤버에서 나왔냐"는 질문이 반복됐고, 그럴 때마다 나도 모르게 후회가 밀려왔다. '그냥 조금만 더 버틸 걸 그랬나' 그런 생각도 들었다. 이후 나는 삼쩜삼만 바라보며 목표에 집중했다. 삼쩜삼에 완전히 몰입하자 언제부터인가 리멤버가 내 머릿속에서 조금씩 사라졌다. 삼쩜삼이 마침내 1,000만 가입자에 도달하자 더 이상 리멤버를 의식하지 않는 내 모습을 발견할 수 있었다.

요즘에는 세무사협회에서 자꾸 고소 고발을 해와서 억울한 측면도 많다. 우리도 명예훼손이나 업무방해로 그들을 고소할 수 있지만 웬만하면 그러지 않으려고 한다. 싸워서 이기는 것이 진짜 이기는 건 아니라고 생각하기 때문이다. 만약 우리가 법적으로 세무사협회를 완벽히 이기면 그들 또한 억울해하며 더더욱 칼을 갈 테니까. 결국 끝나지 않는 싸움이 되는 것이다. 싸움을 걸어온 상대방과 같이 싸우는 것은 당장은 억울한 마음을 풀 수 있겠지만, 길게 보면 싸움이라는 늪에 빠져 헤어나지 못하게 되니, 진정한 승리는 아닌 셈이다. 2부 리그에서 만난 라이벌을 이기는 방법은 내가 1부 리그로 올라가는 것이다. 그렇게 되면 상대방을 아예 만나지 못하게 된다. 즉, 클래스의 차이를 만드는 것이 가장 완벽한 승리이다.

누군가와 싸우는 대신 삼쩜삼 가입자를 늘리는 데 더 힘썼다. 상대방의 도발이 나에게는 더 잘해야 한다는 에너지가 되어주었다. 모든 것을 에너지원으로 썼다. 무협지에 나오는 흡성대법 吸星大法, 남의 에너지를 흡수해 내 것으로 만드는 무공과도 같다. 싸움을 하는 상대방과 직접 부딪히면 내 에너지가 분산되거나 자칫 빼앗길 수도 있지만, 그 에너지를 내 것으로 흡수하면 내가 더 큰 에너지를 낼 수 있다.

《손자병법》에서는 '싸우지 않고 이기는 것'을 제일 좋은 승리로 친다. 그래서 되도록이면 직접적으로 싸움에 휘말리지 않으려고 노력한다. 이런 내가 나와 우리 회사를 아끼는 사람들의 눈에는 답답하게 보이나 보다. 하지만 나와 우리 회사가 싸움에 뛰어든다면, 정작 해야 할 본업을 제대로 하지 못하게 된다. 그게 과연 이기는 것일까?

세무사협회와의 법적 다툼에서 승소한다 하더라도, 우리

가 고소 고발을 통해 세무사협회에 벌금이나 징계를 내린다고 해도, 최종적인 결과가 우리에게 실질적으로 이득이 될지는 미지수다. 상대방에게 분명 패널티가 가겠지만, 우리에게도 일할 시간이 줄고, 자원이 소모되는 등의 피해가 발생한다. 이겨도 결국 잃게 되는 싸움인 것이다.

5

낭비 없는
회의의 기술

회의는 전략이다

• ○ •

레이 달리오Ray Dalio의 《원칙》을 보면, 야구에서 주루, 타격, 수비 등 선수 개개인의 능력을 세세하게 점수화하는 것을 예로 들며 사람에 대한 평가의 중요성을 강조한다. 그는 "사람은 가장 중요한 자원이니 정확하게 평가해야 한다"라고 말하며, 개별 업무보다는 사람과 조직의 평가를 투명하게 하고, 피드백 문화를 통해 조직의 성과를 향상시켜야 한다고 주장한다. 이 책을 읽고 내가 소화한 방식은 직원들의 일하는 방식을 수치화해서 평가하는 것이었다. 심지어 회의에서 한 발언도 점수화했다.

회의는 일하는 데 있어서 정말 중요한 툴이다. 다만 회사가 커지면 쓸데없는 회의도 덩달아 많아진다. 방향성을 맞추기 위해 회의가 필요한 건데, 회의를 통해 쓸데없는 일이 만들어지는 최악의 상황이 발생하기도 한다. 그래서 나는 회의를 하고 나면 회의 점수를 매긴다. 처음에는 5점 만점에 3점을 준다. 지난주와 비교해서 좋은지 나쁜지를 평가한다. 회의의 질은 점점 좋아져야 한다. 관찰하지 않고 모니터링하지 않으면 회의의 질은 점점 떨어진다. 처음에는 회의에 대한 기대감이 있어서 참석자들의 에너지가 끓어넘치다가도, 대체 왜 했지 싶은 회의가 생기면 전투력이 눈에 띄게 사그라든다.

회의를 해도 결과가 달라지지 않는 회의가 있다. 그런 회의는 애초에 하지 않아도 되는 회의다. 그런데 이보다 더 나쁜 회의가 있다. 바로 회의를 한 뒤의 결과가, 안 했을 때보다 더 나쁠 때다. 이런 회의는 그냥 비효율적인 회의가 아니라, 절대 해서는 안 되는 회의다. 대표적인 예가 회의 후속 작업 때문에 불필요한 일이 더 늘어나는 경우다. 회의를 하고 나면 서비스 질이 개선되거나 고객만족도가 올라가거나 하는 등 좋은 방향으로의 변화가 뒤따라야 한다. 이를 위해서 나는 지금 하고 있는 회의가 회사에 플러스가 되는지를 끊임없이 생각한다. 디테일하게는 회의에 참석하는 직원의 발언에 대해서도 점수를 매긴다. 회의에서 누군가 안타, 볼넷, 홈런 같은 실적이 나오려면 준비를 열심히 해야 한다. 자다 깨서 얼결에 타석에 들어선 사람은 무조건 삼진이다. 간혹 병살타를 치는 직원도 나온다. 첫 타석에서 홈런을 치려고 하는 선수들이 있는데, 준비가 안 된 선수가 이상한 질문을 하면 힘이 빠진다. 감독으로서 병살타를 쳤다는 이유만으로 선수를 경기에서 빼지는 않는다. 얼마나 준비된 상태에서 들어왔느냐를 본다. 이번엔 비록 병살타를 쳤더라도 준비를 열심히 했다는 것이 느껴지면 일단 좀 더 지켜보기로 한다.

회의는 궁금증을 해소하기 위한 자리가 아니다

● ○ ○

가끔 정말 개념이 없는 선수들이 회의에 들어오기도 한다. 어떤 얘기를 해야 하는지 전혀 모르는 상태에서 아무 말 대잔치가 벌어진다. 회의 때 이상한 질문을 하면 "오늘 회의 안건은 그게 아닙니다"라고 말한다. 그래서 회의의 목표를 정하는 것이 중요하다.

그로 인해 탄생한 것이 '의사결정 미팅'이다. 말 그대로 회의 이름이 의사결정 미팅이다. 회의의 목표는 의사결정임에도 불구하고, 회의의 목표를 잊는 경우가 많아서 이름에 아예 '의사결정'이라는 말을 붙였다. 가장 잘 만든 회의 이름이라고 생각한다.

회의를 하다 보면 다양한 질문이 오간다. 그런데 간혹 본인의 궁금증 해소가 목적 같은 질문이 있다. 개인적으로 궁금한 건 개인적으로 물어보면 된다. 궁금증 해소를 위해 회의 시간에 질문을 하는 것은 야구 경기를 하러 와서 타격연습을 하고 있는 선수와 다를 바가 없다. 사람은 질문을 받으면 자연스럽게 답을 하도록 훈련이 되어 있다. 의사결정을 하겠다고 회의에 왔는데 사람들의 질문에 답만 하다 끝이 나면, 회의 자체에 대한 기대감이 떨어진다. 책임감을 가지고 준비하던 사람들도 더 이상 준비하지 않게 된다. 이럴 때는 질문을 차단해야 한다. 그래도 반복되면 회의에 초대하면 안 된다. 시합에 나갈 자격이 없는 선수처럼 회의에 참석할 자격이 없다.

경험상 관리자가 직원들을 모니터링하지 않으면, 직원들은 어떻게 일을 해야 할지 몰라 더 혼란스러워한다. 그래서 나는 직원들도 평가하고, 나 스스로도 평가한다. 나의 매일매일에도 점수를 준다. 이제는 영역을 넓혀 회의뿐만 아니라 메신저, 분석, 리포트도 몇 점인지 따져본다. 스스로 점수를 꾸준히 쌓으면 일을 잘하는 감각이 차곡차곡 쌓인다.

6

방향 없는 목표는
의미가 없다

쉬운 목표를 설정한다

● ○ ●

보통 목표를 세운다고 하면 구체적으로 세우라는 조언을 많이 받는다. 매출 100억 원, 가입자 100만 명 등 이런 종류의 구체성을 예로 들면서 말이다. 2019년에 OKRObjectives and Key Results, 조직이나 팀, 개인이 목표를 설정하고 달성하는 데 사용하는 성과 관리 기법을 할 때에도 그런 방식으로 목표를 설정했다. 최대한 높은 목표로 잡아야 한다고 책에서 읽었다. 달성하기 어려운 목표를 잡아야만, 내게 있는 힘을 다 뽑아낼 수 있다고 했다. 그러면서 성공 확률이 30% 정도 되는 것이 올바른 목표 설정이라고 했다. 만약 100% 다 달성했다면 목표를 잘못 잡은 것이라고. 책에 쓰여 있는 대로 직접 해봤다. 결과는 실망스러웠다. 우리나라 정서에 안 맞는 건지 목표 달성이 어려울 것 같으면 중간에 포기해버렸다. 어차피 해도 안 될 것 같으니 아예 안 하고 마는 식이다.

이번 목표는 MAU Monthly Active Users, 한 달 동안 해당 서비스를 이용한 순수한 이용자 수 100만 명이다. 그런데 수치가 너무 커서 그랬는지, 목표 달성에 실패할 것이라고 지레짐작하고 포기하는 사태가 벌어졌다. 오르지 못할 나무는 쳐다도 보지 말라는 속담에 우리는 참 충실했다. 문득 이런 생각이 들었다. 어차피 이루지도 못할 어려운 목표가 무슨 의미가 있나 싶었다. 다시 한번 목표 설정 방식을 바꿨다. 목표는 쉬운 것으로 설정하기로 말이다. MAU 10만 명을 목표로 잡는다면 1개월 만에 달성할 수 있다. 우리는 이미 목표를 달성했지만, 남은 기간 동안 50만 명을 달성해보자고 추가 목표를 제시해볼 수 있다. 말 그대로 추가 목표니까 달성해도 그만, 안 해도 그만이다. 목표 달성 여부에 목매지 않아도 되니 한결 몸과 마음이 가볍다. 기분 좋게 신나게 노력한다. 그러다 보면 3~4개월 만에 50만 명을 달성하는 일도 생긴다.

목표 지점을 찍어놓고 이를 이루기 위해 달리는 방식은 인생을 살아가는 데도 비효율적이다. 목표를 달성하기 전까지 너무 힘이 든다. 게다가 늘 부족하고 모자란 상태이다. 목표를 이루지 못한 결핍의 상태로 지내다가 목표를 달성하면 (달성하지 못할 가능성이 더 크기는 하지만) 잠깐은 좋다. 그러나 곧 새로운 목표가 주어진다. 다시 목표를 향해 달려간다. 이루지 못할까 봐 불안하고 초조한 상태가 된다. 그래서 나는 방향성은 유지하되, 목표는 작게 그리고 수시로 바꾼다.

보통 목표를 설정할 때 많이 하는 방식이 어떤 구체적인 형태 하나를 정해놓는 것이다. '내 꿈은 과학자가 되는 것' 이런 식으로 말이다. 그다지 좋은 방법은 아니라고 생각한다. '무엇이 되는가'가 아니라 '어떻게 사는가'를 정하는 것이 더 바람직하다.

목표보다는 방향성이다

• • •

"올해 목표가 뭐예요?"

새해가 시작되면 사람들은 서로 목표를 묻는다. 보통 10km 마라톤 한 시간 안에 뛰기, 해외여행 세 번 가기, 몸무게 5kg 감량하기와 같은 목표를 들을 수 있다. 투자자나 회사 직원들도 내게 많이 물어본다. 올해 목표가 뭐냐고. 내가 방향성으로 대답을 하면 목표가 없는 거 아니냐고들 한다.

회사 직원들과 이야기를 나누다 보면, 우리 회사는 목표가 없는 것 같다는 말을 종종 듣는다. 예를 들어, 매출액 1,000억 원 달성을 목표를 잡았고, 만약 그걸 달성했다면 끝인가? 사업 더 안 할 건가? 은퇴할 건가? 아니다. 자비스앤빌런즈의 방향은 'money, time, right'이다. 고객의 돈과 시간, 권리를 찾아주겠다는 뜻이다. 나는 출근할 때 "more"라고 쓰여 있는 자체 제작한 티셔츠를 입는다. 고객의 돈과 시간, 권리를 '더' 찾겠다는 의미이다. 그렇다고 더 힘들까? 아니다. 매일매일 우리는 누군가의 돈을 더 찾아주고, 시간을 더 아껴주고, 더 많은 권리를 찾아주려고 한다. 그래야 하루가 만족스럽다.

식당을 운영하는 데 목표가 '올해 연 매출 1억 원'이라면, 연말까지 매출액 달성 여부가 신경 쓰여 마음이 늘 불안할 가능성이 크다. 하지만 목표를 '오늘 하루 한 사람에게 맛있는 음식을 팔겠다'라고 잡는다면, 음식을 한 그릇 한 그릇 팔 때마다 기분이 좋아질 것이다. 한 사람에게조차 맛있는 음식을 팔 수 없다면, 사실 한 달 매출 1,000만 원 찍기는 불가능하다. 작고 쉬워 보이는 것 하나하나가 차곡차곡 쌓여서 보통 우리가 말하는 목표가 달성된다. 목표를 크고 높게 잡으면 늘 허덕이게 된다. 명확한 방향성 하나가 목표를 달성하는 데 훨씬 도움이 된다. 설령 목표는 달성하지 못하더라도, 적어도 삶의 모든 순간을 의미 있고 충실하게 살아갈 수 있다.

"범섭 님의 궁극적인 목표는 뭔가요?"

나는 없다고 대답한다. 리멤버를 만들 때는 가입자 100만 명이 쓰는 서비스를 만들어보고 싶었다. 100만 명 정도는 써야 의미 있는 서비스라고 생각했기 때문이었다. 그다음에는 가입자 1,000만 명이 쓰는 서비스를 만들어보고 싶었다. 더 많은 가치를 창출하는 서비스를 만들고 싶었다. 그래서 삼쩜삼이 나왔다. 그다음에는 가입자 1억 명이 사용하는 서비스를 만들고 싶다. 1억 명 가입자 그다음은 또 무엇이 될까? 목표 자체에 너무 의미를 두면 허탈해진다. 막상 되고 나면 별것 없다. 내가 만든 허상에 갇히게 된다. 차라리 목표보다 방향성에 주목하면 그냥 계속하게 된다. 그리고 그것만으로도 하루가 즐겁다.

7

창업을 둘러싼
착각들

반짝이는 아이디어가 사업의 성패를 좌우한다?

● ∙ ●

"나에겐 세상을 뒤집어놓을 반짝이는 아이디어가 있어."
"이 아이디어는 지금껏 한 번도 보지 못한 엄청난 거야."
"저 사람은 아이디어 하나로 제대로 성공했네."

창업에 있어서 반짝이는 아이디어가 중요하다고 생각하는 것은, 어떻게 보면 노력을 덜 들이고 많은 걸 얻기를 바라는 것과 같다. 반짝이는 아이디어 하나만으로 로또를 맞겠다는 마음처럼 느껴진다. 이렇게 성공의 핵심이 아이디어라고 생각하고, 반짝이는 아이디어를 좇아 창업하는 경우가 많다. 사실 나도 첫 창업 때는 그랬다. 아이디어를 이야기하는 것은 언제나 재밌다.

만약 우리가 인스타그램에서 멋진 사진 한 장을 보고 하와이 여행을 가기로 했다고 가정해보자. 항공기는 일등석으로 구매해서 와인 한잔 마시면서 우아하게 이동하고, 숙소는 럭셔리하고, 날씨는 좋고, 렌터카 등의 일정까지 착착 맞아떨어지는 완벽한 여행을 꿈꾼다. 하와이 해변에 가면 인스타그램에서 본 아름다운 석양 아래에서 완벽한 휴식을 즐기며 인생 샷을 찍는 모습을 상상한다. 하지만 막상 여행을 가보면 그렇지 않다. 공항에 가면 사람이 많아서 비행기 시간이 다 되어서야 겨우 탑승 게이트 앞에 도착하고, 이코노미석인 좌석은 좁고 불편하다. 렌터카는 문제가 생겨서 하염없이 기다려야 하고, 날씨는 우중충하게 비만 내리고, 인스타그램을 보고 찾아간 멋진 해변은 을씨년스럽기만 하다.

사업에서의 아이디어는 누군가의 인스타그램 속 여행을 상상하고 떠나는 것보다도 괴리가 심하다. 사업에서의 아이디어는 머릿속에서 상상한 것과 달라서 실행해보면 결코 반짝이지 않는다. 실제로 페이스북, 배달의민족, 카카오톡 등

소위 대박을 터뜨린 서비스들도 특별히 반짝이는 아이디어랄 것이 없었다. 페이스북은 같은 학교 사람들이 서로 연락을 주고받을 수 있게 만든 것이고, 카카오톡은 더 단순하다. 인터넷이 되니까 인터넷으로 문자를 보낼 수 있게 한 것뿐이다. 배달의민족은 음식 주문을 전화가 아닌 앱으로 할 수 있도록 만들었다. 어지간한 투자자들에게 다 거절당하고, 개발자 구하기도 어려웠다. 아이디어 자체만으로는 사람들을 설득하기 어려운 정도의 수준이었다.

아이디어가 반짝인다고 하는 것은 나중에 사업이 성공하고 난 뒤의 해석이라고 본다. 반짝이는 아이디어라는 건 우리의 판타지에 덧붙여진 서사일 뿐이다. 여행을 다녀왔더니 날씨는 안 좋고, 중간중간 우여곡절이 많아서 힘든 일도 많았지만, 나중에 돌아와서 찍어놓은 사진들을 보면 갑자기 아련해지는 순간이 있다. 성공한 사업의 반짝이는 아이디어라는 건 가장 좋은 필터를 사용하여 가장 아름다운 순간을 찍어 올린 인스타그램 사진 같은 것이다. 누군가가 올린 최고의 사진 한 장만 보고 여행을 영업당한 것과 같다. 창업도 그렇다. 반짝이는 아이디어로 승부를 보겠다는 마음은 인스타그램 사진 하나 보고 인생 여행을 꿈꾸는 것과 비슷하다.

민주적인 방식으로 아이디어를 선택하는 것이 좋다?

● ○ ●

서비스를 만들다 보면, 만드는 사람이 재밌는 경우가 있고, 사용하는 사람이 재밌는 경우가 있다. 대개 반짝이는 아이디어는 만드는 사람이 재밌는 경우다. 만드는 사람들의 분위기는 화기애애하고 좋지만, 그걸 보는 사람은 지루하다. 시청자는 하나도 재미없는데, 출연자들끼리만 신나고 즐거운 예능프로그램처럼 말이다.

사용자 입장에서는 아이디어가 반짝이냐 아니냐는 중요하지 않다. 사용자에게 필요하냐, 도움이 되느냐가 더 중요하다. 그런 아이디어는 만드는 사람 입장에서는 고통스러운 경우가 많다. 배달의민족을 만든 우아한형제들 사무실에는 이런 문구가 붙어 있다고 들었다.

"만드는 사람이 수고로우면 쓰는 사람이 편하고,
만드는 사람이 편하면 쓰는 사람이 수고롭다."

우아한형제들이 처음에 한 일도 음식점 전단지를 하나하나 입력하는 일이었다. 리멤버도 사람이 명함을 입력하는 일에서부터 시작했다.

보통 창업하려는 사람들은 반짝이는 아이디어를 좋아하는 경향이 있다. 아이디어를 이야기하는 일은 언제나 즐겁고 설렌다. 친구와 밤새 떠는 수다처럼 하나도 힘들지 않다. 스타트업에서는 창업 아이템을 대표가 독단으로 결정하는 것을 싫어한다. 최대한 많은 사람이 의사결정에 참여해서 의견을 내다 보니, 아무래도 반짝이는 아이디어를 선택할 가능성이 높다.

나는 이런 민주적인 방식으로 창업 아이템을 결정하는 것을 좋아하지 않는다. 내 눈에는 민주적인 방식이라는 게 합리적이라기보다 다소 감정적인 의사결정으로 보이기 때문이다. 회의 분위기가 좋으면 사람들은 '이건 고객도 좋아할 거야'라고 생각하는 경향이 있다. 그래서 나는 결정은 탑다운top-down 방식으로 한다. 오로지 성공 가능성만을 기준으로 판단한다. 어떤 아이템을 선정할 것이냐는 기준에 있어서 내가 재밌다고 느낀다면 그것은 감점 요인으로 판단해야 한다.

우리 회사 같은 경우에는 내가 모든 것을 결정한다고도 볼 수 있다. 다만 내가 결정하는 것은 '누가 결정할 것인가'

이다. 누가 아이템 선정에 대해 잘 알고, 누가 고객의 니즈를 잘 캐치하는지 파악해서, 아이템을 누가 결정할지를 결정한다. 물론 그 '누구'도 실패할 수 있지만, 야구로 치면 팀에서 타율이 제일 높은 사람이다. 가장 가능성이 높은 사람에게 맡기는 방식이다. 타자들이 타석에 서면, 감독은 타자에게 지금 상황에서 스윙을 할지 말지 결정해주지 않는다. 감독이 하는 것은 지금 어떤 타자를 기용할 것인지를 정하는 것뿐이다. 감독이 타자를 지명했다면, 타자는 지금 이 순간 어떻게 해야 할지를 스스로 선택해야 한다. 그동안 쌓아온 훈련과 경험을 바탕으로 내 방망이에 모든 것을 건다는 마음으로 결정을 해야 한다.

고객이 좋아하는 것이 무엇일지 예측할 수 있는 감이 필요하다. 감이 있으려면 훈련과 데이터가 뒷받침되어야 한다. 반짝이는 아이디어는 필요하지 않다. 고객에게 선택받을 수 있는 아이디어를 선택할 줄 아는 능력이 필요할 뿐이다.

고객이 원하는 방향으로 서비스를 수정해야 한다?

● ⁄ ●

고객들은 훈련되어 있지 않다. 고객들은 바쁘다. 고객들이 설문조사를 할 때 낼 수 있는 시간은 기껏해야 1~2분 정도다. 설문조사에 진심으로 고민하면서 답변하지 않는다. 게다가 설문조사의 내용은 보통 이런 식이다. "우리가 이런 서비스를 만들려고 하는데 사용하겠느냐", "만약 사용한다면 얼마를 지불할 수 있겠느냐" 등의 질문에 고객은 대충 답한다. 깊게 생각하지 않는다.

설문조사를 통해 사용하겠다는 고객의 답변만 믿고 선택을 하면 위험하다. 사실 반대의 경우도 있다. 아이디어 단계에서는 밋밋해서 사용의 필요를 느끼지 못하더라도, 실제로 사용해보면 유용함을 느끼게 된다. 잘나가는 서비스를 보더라도 전부 반짝이는 아이디어로 이루어져 있는 것도 아니다. 그러므로 설문조사에서의 답변과 실제 고객의 행동에는 간극이 있음을 이해해야 한다.

아이템에 대한 의사결정을 고객에게 온전히 맡기는 것은 위험하다. 고객은 책임지지 않는다. 설문조사는 고객의 마음을 이해하는 데 참고가 될 뿐이다. 결국 고객도 모르는 고객의 진짜 마음을 파악해내는 것은 서비스를 만드는 사람들이 오롯이 책임져야 할 일이다.

창업은 도박이다?

● ○ ○

만약 내가 동네 아마추어 수영 대회에 나가기로 했다면 수영 훈련을 아주 열심히 할 것이다. 그럼에도 동네에서 수영으로 1등을 한다는 건 쉽지 않은 일이다. 하물며 취미로 하는 수영도 이러한데, 창업을 하기 위해 훈련을 하는 예비 창업자들을 찾아보기란 매우 어렵다. 마치 수영하는 상상만 하거나, 올림픽 수영 경기만 열심히 보고 무작정 수영 대회에 나가는 사람들 같다. 그러고는 나는 왜 1등을 못 할까 의문을 던진다. 아무런 훈련도 없이 창업에 뛰어드는 것은 훈련도 하지 않고 전국체전에 나가서 입상하겠다는 심보라고 생각한다.

나는 사업을 운동으로 바라본다. 훈련을 하면 실력을 키울 수 있는 운동처럼, 사업 역시 훈련을 통해 키워나갈 수 있다고 생각한다. 창업을 로또나 도박에 비유하는 사람이 많은데, 그만큼 운도 따라줘야 잘되는 것이 창업이긴 하다. 하지만 운칠기삼運七技三, 운이 7할이고 재주나 노력이 3할이라는 뜻으로, 사람의 일은 재주나 노력보다 운에 달려 있음을 이르는 말이라고 하더라도 창업에 성공하려면 적어도 내가 3은 되어야 한다.

지금은 이미지가 많이 좋아졌지만, 예전만 해도 사업을 한다고 하면 무조건 말리는 분위기였다. 사업을 한다고 하면 패가망신한다고 생각했다. 나는 운동을 훈련하듯 사업을 훈련한다. 농구에서 삼점슛을 연습하듯, 야구에서 타격을 연습하듯 사업을 훈련한다. 그렇게 훈련하다 보면 성공 확률이 점점 높아진다. 타율로 치면 1할은 넘는다. 이 정도까지 오르려면 엄청난 훈련이 필요하다. 프로선수만 보더라도 그렇다. 1년 365일 단 하루도 쉬지 않고 훈련에 매진한다. 창업해서 성공하길 바란다면서 프로선수처럼 훈련할 마음은 먹지 않는 것이 신기하기만 할 따름이다.

창업을 하겠다고 하면서 창업과 관련된 책 한 권조차 읽지 않는 사람들이 의외로 많다. 나는 공대생이라 그런지 경영 쪽이 너무 약하다. 스스로 경영에 무지하다고 생각해서 관련 책을 찾아 읽기 시작했다. 일에 쫓겨 책 읽을 시간이 없을 때는 출퇴근하는 동안 차에서 오디오북으로 듣는다.

책을 눈으로 읽을 때만큼 집중하지는 못하지만, 그래도 안 읽는 것보다는 훨씬 낫다. 간혹 공대 출신인 나에게 마케팅은 어떻게 했느냐고 묻는 경우가 있다. 내가 실전 사례 정도는 들려줄 수 있겠지만, 대가들의 이론은 책에 있다. 적어도 창업을 하겠다고 마음을 먹었다면 창업 관련 책은 읽고 시작해야 하지 않나 싶다.

욕심을 내려놓아야 한다

• ○ •

처음 창업을 하는 사람들은 곤란한 경우가 많다. 경험도 없고, 감도 없고, 기준도 없다. 그래서 사고실험을 하듯 창업하는 훈련을 평소에 해보는 것을 추천한다. 아무 공부도 하지 않고 달랑 아이디어 하나 믿고 창업을 하는 것은, 야구방망이 한 번 휘둘러보지 않고 타석에 올라 홈런을 치려는 것과 같다. 이미 실패한 창업 케이스가 많음에도 불구하고, 사람들은 예외적인 성공 케이스만 살펴본다. 확률로 보면, 야구에서 홈런은 거의 안 나오는데, 자꾸 풀스윙만 하려는 타자 같다. 첫 타석에, 초구에, 홈런을 치려는 것은 욕심이다.

처음 창업을 시작할 때에는 욕심을 확 내려놔야 한다. 홈런 칠 욕심을 내려놓고, 스윙부터 차근차근 연습해야 한다. 동료 선수들은 어떻게 하고 있는지도 살펴봐야 한다. 만약 IT 서비스로 창업을 한다면 적어도 1년 정도는 출시되는 앱을 다 깔아봐야 한다. 신규 앱을 분석하고 트래킹tracking해야 한다. 현재의 당근마켓, 배달의민족, 카카오톡, 토스, 쿠팡을 분석하는 것은 컨설턴트나 하는 일이지, 창업자가 할 일은 아니다.

어느 정도 시장의 패턴이 보이기 시작한다면, 지금까지 출시된 앱 중 내가 생각하기에 잘될 것 같은 신규 서비스를 골라서 사업계획서를 써보거나 기획서를 만들어본다. 지금 이 사람이 보고 있는 시장은 얼마인지 예상해본다. 이 앱을 가지고 투자를 받는다고 생각하고 IRInvestor Relation, 기업에 대한 여러 가지 정보를 투자자에게 알려주는 설명회 자료도 만들어본다.

이런 방식으로 서비스가 변화되는 모습을 트래킹해보면, 어떤 서비스가 되고 어떤 서비스가 안되는지 서서히 기준이 생기기 시작한다. 그렇게 1년 정도 시간이 흐르면 어떤 서비스만 보더라도 기획안이 내 머릿속에 떠오르는 수준이 된다. 이 사람은 어떤 시장을 보고 이런 서비스를 출시했는지가 저절로 그려진다. 물론 맞는지 틀린지는 알 수 없다. 가끔은 아무 생각 없이 만들었구나 싶은 것도 있다. 별생각 없이 만든 것 같은데도 잘된다면 그 이유를 생각해보고, 반대로 잘될 것 같았는데 잘 안되면 그 이유 또한 나름대로 찾아본다. 그렇게 창업 시뮬레이션을 여러 번 돌리다 보면, 창업에 대한 경험이 쌓이고 감도 생긴다. 실제로 창업을 해보진 않았지만, 창업 경력자가 된 셈이다. 신입사원으로서 창업을 시작하는 것과 베테랑 경력직으로 창업을 시작하는 것은 하늘과 땅만큼 차이가 나는 일이다.

고객의
가치를 위하여
무엇이든 한다.
불법 빼고

we make your money
we save your time
we find your right

Jobis&Villains

끝까지 가는 힘은
흔들리지 않는 방향에서 나온다

1

사업할 때의 나는
새로운 모습이 된다

사업을 위해 탑재한 자아

● ○ ○

내 MBTI는 INTP이다. 그중에서도 극 I라고 해도 과언이 아닐 정도로 내향적인 편이다. 친한 친구들과는 대화가 편하지만, 처음 본 사람에게 말을 거는 일은 여전히 쉽지 않다. 그래서 사업을 시작했을 때 가장 어려웠던 것이 바로 영업이었다. 처음 본 사람에게 넉살 좋게 우리 아이템 좀 사달라고 얘기를 꺼내야 하는데, 좀처럼 입이 떨어지지 않았다. 지금은 많이 좋아졌지만, 그때는 술 한 잔만 마셔도 온몸이 새빨개져서 영업하는 것이 더 힘들었다.

사업을 위해서 나는 내 안에 또 다른 자아를 탑재해야만 했다. 그래서 영업을 잘하는 사람들을 따라 하기 시작했다. 나와는 전혀 어울리지 않는 말투나 행동이었지만 사업을 위해서는 해내야만 하는 상황이랄까. 처음에는 어색하고 어설펐지만, 점차 익숙해졌다. 어느 순간 내가 꼭 배우가 된 것 같은 기분이 들었다. 지금은 '영업을 잘하는 대표' 역에 섭외된 배우라는 마음으로 진심을 다해 연기하고 있다.

클라이언트를 만나고 돌아오는 길이었다. 특별한 목적 없이, 그저 좀 더 친해져야겠다는 마음으로 나선 자리였다. 원래의 나 같았으면 말수가 적었겠지만, 생각보다 부드럽게 대화를 마칠 수 있었다. 사실 누군가에게 소개를 요청하는 것도, 누군가 나에게 그런 부탁을 하는 상황도 불편할 정도다. 이런 만남은 자연스럽지 않고, 의도적인 관계 설정이 어색하게 느껴지기 때문이다. 그럼에도 불구하고 사업을 위해서는 이런 만남이 필요하다는 걸 알고 있다. 하고 싶지 않은 일이라도 회사에 도움이 되는 것이라면 해야 한다고 생각한다.

그렇게 미팅을 마치고 집으로 돌아오는 길이면 문득 내가 사라지는 것만 같아 서글픈 기분이 든다. 영업을 마친 뒤 집으로 가는 차 안에서 공허함이 밀려온다. 내가 지금 뭘 하고 있는 건가 싶어 허탈해지기도 한다. 내가 나를 이렇게까지 내려놓고, '세일즈맨' 김범섭이 되었다가 '을' 김범섭으로 살았다가… 경영자로서 이렇게 살아야 하나 의문이 들 때도 있다. 그럴 때는 혼자 이렇게 중얼거리며 마음의 위안을 얻는다.

"다들 이렇게 사는 거지, 뭐."

역할에 따라 다르게 행동해보자

· ○ ●

의외로 나는 '영업을 잘하는 대표' 연기를 꽤 잘한다. 내가 원래 이렇게 말을 잘했나 싶을 정도로 놀랄 때가 있다. 그동안 봐왔던 여러 캐릭터의 장점을 하나씩 조합해 적절한 선을 유지하며 행동했을 뿐인데, 가끔은 나도 모르게 분위기를 주도하고 있을 때가 있다.

나도 놀랍다. 내가 원래 이런 사람이었나 싶을 정도다. 어쩌면 나 자신에 대한 선입견을 스스로 만들고 있었던 건 아닐까. '나는 이런 거 못해', '나는 이런 사람 아니야'라고 생각하며 나만의 한계를 정해놓았던 것은 아닐까 싶다. 솔직히 외향적인 사람들이 빛을 발하는 모습을 보면서 부러웠다. 나는 쭈뼛쭈뼛 머뭇거리는 편인데 어떤 사람들은 자연스럽게 분위기를 만들고 사람들을 하나로 묶어낸다. 그런 모습을 보면 정말 멋있어 보인다. 나도 연습하면 저런 인싸가 될 수 있을까 하는 생각이 들었던 적도 있었다.

집은 유일하게 나 자신을 있는 그대로 보여줄 수 있는 공간이다. 어떤 의도도, 바라는 것도 없이 오롯이 나일 수 있는 곳. 하지만 그렇다고 해서 내가 연기하는 모습이 나답지 않은 것일까? 요즘은 그조차도 헷갈린다. 이건 내가 아닌데 싶다가도 어쩌면 나를 잘못 알고 있었던 건 아닐까 하는 생각이 들 때도 있다.

나는 '효자 모드', '동생 모드', '친근한 후배 모드', '냉랭한 동기 모드', '허술한 아빠 모드', '냉정한 스타트업 대표 모드' 등 다양한 역할을 상황에 따라 바꿔가며 살아간다. 때에 따라 모습이 달라지는 것이 과연 연기일까? 아니면 그것도 나의 일부일까?

2

인생은

주관식보다 객관식

옵션을 정리하자

· ○ ○ ·

회사에 의사결정을 내려야 할 일이 있으면, 사람들은 불만만 늘어놓거나, 서로 토론만 하다가 결론을 못 내리는 경우가 많다. 서울에서 대전까지 가는 방법을 정해야 하는 안건이 있다고 가정해보자. 최단 거리로 갈 수 있는 경부고속도로를 이용하자고 하면 차가 밀려서 안 된다고 한다. 중부고속도로로 가자고 하면 도로가 울퉁불퉁해서 별로라고 한다. 국도를 타면 신호가 많아서 싫다고 한다. 이런 식이다. 어떤 안건에 대해 A로 하자고 하면, A는 이런 문제가 있어서 안 된다고 반대한다. 그럼 B로 하자고 하면, B는 이게 문제가 되기 때문에 안 된다고 한다. C로 하자고 해도 마찬가지다. 그럼 어쩌자는 건가. 답이 없다.

우리는 오랫동안 신중하게 고민하다 보면 더 괜찮은 방법이 나올 수 있다고 믿는다. 그렇다. 모두가 완벽한 해결책을 기대한다. 그러나 우리가 선택할 수 있는 옵션은 무한하지 않다. 인생에 대한 해답은 주관식이 아니다. 우리가 선택 가능한 옵션은 객관식으로 주어진다.

다시 서울에서 대전까지 가는 방법을 정하는 안건으로 돌아가보자. 나의 의사결정 방식대로라면, 일단 처음에는 가능한 모든 방법을 다 적는다. 자전거, 버스, 기차, 자동차, 헬기, 심지어 걸어가는 것도 적는다. 그리고 데드라인을 정해, 지금까지 나온 방법 외에 또 다른 방법이 있다면 추가하라고 한다. 데드라인은 사안의 중요도에 따라 5분 뒤가 될 수도 있고, 다음 주 미팅까지일 수도 있다.

데드라인까지 내놓을 수 있는 모든 옵션이 나왔다면, 이제는 그 옵션을 정리해 선택지를 만들 차례이다. 도보나 자전거는 말도 안 되는 옵션이니 바로 제한다. 헬기도 현실성이 떨어지는 옵션이긴 마찬가지다. 이런 식으로 옵션을 지워

나가면 평균적으로 두세 가지 선택지가 남는다. 진짜 많아 봐야 네 가지 정도다. 오엑스 문제 혹은 사지선다형 문제인 셈이다.

다음에는 각 선택지의 장점과 단점을 표로 만든다. 대개의 경우 A안의 장점이 B안의 단점이고, A안의 단점이 B안의 장점이 된다. 사람들이 원하는 것은 A안의 장점과 B안의 장점을 합친 것이다. 그러나 현실에 그런 안은 존재하지 않는다. 이 사실을 빨리 인정해야 한다. 현실에 없는 C안을 찾아 헤매지 말고, 앞에 놓인 A안과 B안 중에 하나를 선택하면 된다.

이때 선택은 신속해야 한다. 도저히 뭘 골라야 할지 모르겠다면 동전 던지기를 해서 정해도 상관이 없다. 가위바위보를 할 때 아이들이 자주 하는 말이 "안 내면 진다, 가위바위보"이다. 말 그대로다. 안 내면 진다. 그러니까 가위든 바위든 보든 일단 내야 한다. 의사결정도 똑같다. A안이든 B안이든 골라야 한다. 여기까지 살아남은 선택지라면, 뭘 선택해도 큰 차이는 없다고 생각한다. 그냥 마음에 드는 것을 고르면 된다. 중요한 것은 뭐가 됐든 '결정을 한다'는 사실 그 자체이다.

후회도 선택할 수 있다

● □ ●

회사에서의 의사결정에 관한 이야기지만, 개인 차원에서도 도움이 되는 부분이다. 만약 지금 살고 있는 집이 회사와 멀어서 불만인 사람이 있다고 해보자. 그렇다면 먼저 이 불만을 해결할 수 있는 옵션에는 무엇이 있는지 써본다. 회사 근처로 집을 옮긴다, 집과 가까운 회사로 이직을 한다, 출퇴근 시간을 조정해달라고 회사에 건의한다, 재택근무가 가능한 업무로 직무 변경을 요청한다 등 현실성 있는 옵션들을 모두 생각해본다.

그런 다음 옵션을 추려서 선택지를 만들고, 각 선택지의 장단점을 비교해본다. A안 '회사 근처로 이사하기'는 출퇴근 시간을 아낄 수 있어 자기개발이나 취미 생활을 할 수 있다는 장점이 있지만, 대출을 더 받아야 해서 이자 부담이 늘어난다는 단점도 있다. B안 '출퇴근 시간 조정 건의하기'는 회사에서 건의를 받아주기만 한다면 이사 비용을 아낄 수 있다는 장점이 있지만, 지금까지 그런 사례가 없어 건의가 받아들여질지가 미지수라는 단점이 있다. 이제 선택만 남았다. 둘 중 어느 것을 선택하더라도, 나는 선택 가능한 옵션

중 최선을 선택한 것이기에, 내 선택에 자신을 가질 수 있다. 또 후회도 훨씬 덜하다.

다시 서울에서 대전까지 가는 안건으로 돌아가자. 자동차로 경부고속도로를 이용해 가는 A안으로 최종 결정을 내렸다고 해보자. 가는데 길이 막힌다. 누군가 "거 봐, 여기 많이 막힌다고 그랬잖아"라고 불평한다. 그럴 때 "원래 막히는 거 알고 가는 거잖아"라고 당당하게 받아칠 수 있다. 선택지의 단점이 무엇인지 확실히 인지한 상황에서 결정을 내렸기 때문에 문제가 발생하더라도 상호이해가 가능하다.

한발 더 나아가, 적어도 선택한 옵션의 단점을 최소화할 수 있는 대비책이나 보완책도 마련할 수 있다. 고속도로가 막힌다는 단점을 미리 인지했으니, 좀 더 빨리 출발한다거나 중간에 들를 휴게소의 수를 줄인다거나 하는 식으로 말이다. 이는 결국 선택한 최종 옵션의 장점을 더욱 명확하게 살리는 길이다. 우리 모두 A안을 선택한 의사결정이 완전무결한 것이 아님을 안다. 그렇기에 A안을 실행할 때 리스크 요인을 대비해야 함을 사전에 인지하고 있다면, 아무 생각 없이 실행하는 것보다 A안의 장점을 더 극대화시킬 수 있다.

오늘 하루 집에서 빈둥빈둥 놀았다고 가정해보자. 모처럼의 휴일인데 빈둥대기만 한 것 같아 후회가 된다. 그렇다면 휴일에 등산을 했다고 치자. 등산을 하면 피곤하다. 집을 비운 시간이 긴 만큼 주말에 해야 하는 분리배출이나 이불 빨래와 같은 집안일을 하지 못해 찜찜하다. 어느 쪽이든 다 장단이 있다. 그런데 그 장단을 구체적으로 생각해보지 않고 산다면, 내 모든 결정에 대해 이럴걸, 저럴걸 후회만 하는 인생을 살게 된다. 이래도 불만이고, 저래도 불만일 수 있다.

그렇다면 방식을 바꿔보자. 휴일에 집에서 빈둥대기로 했다면 '주말 동안 집에서 푹 쉬었다'라고 생각할 수 있다. 반면에 등산을 다녀오기로 결정했다면 '오늘 하루 참 알차게 보냈다'라고 만족감을 느낄 수 있다. 그러니 나중에 후회하지 말고, 지금부터라도 의사결정 방식에 변화를 줘보자. 특별할 것도 없고 사소해 보이기도 하지만, 원래 사소한 것이 가장 중요한 법이다.

선택에는 뒤따르는 결과가 있다

● ○ ○

사람들은 보통 '결정을 미루는 것'을 '결정을 하지 않는 것'이라고 생각한다. 그래서 툭하면 "논의가 더 필요하니 좀 더 생각해보자"라고 말한다. 나는 생각이 다르다. '결정을 미루는 것' 또한 '결정을 한 것'이라고 본다. 집에서 쉴까, 밖에 놀러 나갈까를 고민하다가 결정을 미룬다면 결국 집에서 쉬는 쪽을 선택한 것이라고 나는 생각한다. 시간이 지나면 선택 가능한 옵션이 달라지기 때문이다. 주말 아침 일찍 맛집에 갈까 고민했다면 선택에 제약이 많지 않다. 하지만 결정을 미루다 저녁때가 돼서야 맛집에 갈까를 고민한다면, 사람이 붐비는 시간이라 맛집에 웨이팅이 너무 길다거나, 맛집까지 가는 데 차가 막힌다거나, 주차하기 힘든 시간이 되었다거나 해서 외출 자체가 불가능해진다.

결정을 미룬다는 결정도 결정이다. 그러나 결정을 미루기보다 차라리 하지 않기로 결정하는 것이 낫다. 오늘 집에서 쉴지, 나가서 놀지 고민만 하다가 시간을 흘려보낼 바에는 차라리 '나가서 놀지 않기'로 결정하는 쪽이 훨씬 좋은 선택이다. 그러면 나가서 놀지 않는 것 외에 모든 선택지가 열려 있게 된다. 나가서 놀지 않기로 결정한 것이니, 집에서 마음 편히 잠을 자며 쉴 수도 있지만, 마음이 바뀌어 놀고 싶다면 집에서 얼마든지 놀 수도 있다. 오히려 아무것도 결정하지 못하고 고민만 하는 것은 쉬는 것도 아니고, 노는 것도 아니다. 마음만 불편한 최악의 결정이다.

선택에는 뒤따르는 결과가 있다. 우리는 그 결과를 받아들여야 한다. 나는 선택을 한 적이 없는데 예상치 못한 결과와 마주하면 불만이 쌓인다. 그러나 엄밀히 말하면, 내가 선택을 한 적이 없는데 결과가 나타난 것이 아니라, 선택을 하지 않겠다는 선택을 했더니 결과가 나타난 것으로 봐야 한다. 결국 둘 다 내 선택에 따른 결과인 셈이다. 다른 점이 있다면, 내 선택으로 인한 결과는 적어도 내 통제 범위 안에 있다는 사실이다. 내가 선택했다고 해서 그 결과가 항상 마음에 드는 것은 아니지만, 그래도 내 선택의 결과니까 수용이 가능하다. 문제는 선택을 하지 않겠다는 선택으로 인한 결과는 받아들이기가 괴롭다는 점이다. 그러니 세상이 마음에 안 든다. 내 뜻대로 되는 게 하나도 없는 것 같다는 생각마저 든다.

차가 밀린다는 점을 사전에 인지하고 경부고속도로를 이용하기로 결정했다면, 교통체증을 대하는 데 있어 마음이 훨씬 덜 힘들다. 어차피 막히는 걸 알았으니, 그로 인한 어려움을 어떻게 최소화할지 사전에 준비할 수도 있다. 차 안에서 오랜 시간을 보내야 하니 음악을 틀어 지루함을 덜고, 휴게소를 들르지 못할 경우를 대비해 배를 채워줄 간단한 음식이나 간식을 사놓는 것처럼 말이다.

세상을 고속도로라고 생각하면 이해하기 쉽다. 내가 선택할 수 있는 것은 인터체인지에서 다른 길로 빠질까 말까 두 가지뿐이다. 다음 인터체인지까지 결정을 내리지 않고 미룬다면, 그건 이 길을 따라 끝까지 가기로 결정한 것과 같다. 내가 결정한 것이 없는데, 어느새 나는 경부고속도로를 타고 부산에 도착해 있다. 부산에 도착해 생각해보니, 나는 대전에 가고 싶었다. 내가 결정을 미룬 결과이니 어쩌랴. 부산에서 다시 대전으로 돌아가는 수고 또한 내가 감내할 수밖에.

안 내면 진다. 무엇을 낼지 결정해야 한다. 결정을 미루면 진다. 현재 상황에서 누가 더 빨리 정확하게 확률 계산을 해내느냐, 그것이 역량이다.

3

이해관계에 따른
미움

팀마다 이해관계가 다르다

● ○ ○

회사 리더로서 나의 숙제는 근본적으로 이해관계가 다른 직군의 사람들을 어떻게 조화롭게 일할 수 있게 할 것인가이다. 초반에는 '북극성 지표'를 활용했다. 우리 목표는 하나라는 점을 적극 강조하는 것이다. 삼쩜삼의 북극성 지표는 '최대 환급액'이다. 기획도, 개발도, 디자인도, 운영도 전부같은 목표를 갖는다. 일이 잘 풀려갈 때는 이 방식이 효과적이다. 우리가 모두 합심해서 이룬 성과라고 생각하며 서로좋게 좋게 넘어간다. 문제는 일이 잘되지 않을 때다.

마케팅 팀에서는 고객들에게 카카오톡 메시지를 보내 홍보를 한다. 사실 물건을 팔다 보면 언제나 우아한 방식만 고수할 수는 없다. 전단지를 돌리고, 할인도 하고, 미끼 상품으로 유인도 하고, 때로는 흥정도 해야 한다. 그런데 이런 행동들이 때때로 비난을 받는다. 우리가 공들여 만든 서비스를 왜 그렇게밖에 못 파냐는 개발 팀의 따가운 시선이 마케팅 팀을 향할 때가 있다. 반대의 경우도 마찬가지다. 서비스가 별로니까 안 팔리는 거 아니냐며 개발 팀을 향해 잔뜩 날을 세우기도 한다. 서로의 상황을 이해하지 못한 채 비난만 쏟아내기 바쁜 모습을 보면 리더로서 의욕이 뚝 떨어진다.

일이 힘든 건 인간의 본성 때문이다. 기획 팀은 기획 팀 나름의 고충이 있다. 실체가 없는 기획을 앞에 놓고, 출시 전까지는 알 수 없는 성공 여부에 대한 불안감을 오롯이 견뎌야 한다. 현실적으로 성공 확률은 10% 남짓에 불과한데, 기획 팀에게 "이 기획 괜찮을까요? 개발하면 잘될까요?"라고 물으면, "솔직히 잘 안될 가능성이 더 커요"라고 대답할 수는 없는 게 기획 팀의 입장이다. 대다수의 사람들은 이런 속사정을 알 리 없다.

마케팅 팀도 마찬가지다. 마케팅을 열심히 한다고 해서

월급이 더 오르는 것도 아니고, 성과가 나면 팀 전체가 성과급을 나눠 갖는 구조이다. 그들이라고 편하고 있어 보이는 방법을 몰라서 그랬을까. 만약 마케팅 팀이 "그럼 우리도 앞으로 고상하게 팔게요" 하면서, 거액을 들여 해외 디자이너에게 로고 디자인을 의뢰하고, 잘나가는 브랜드와 협업을 진행하고, 유명 연예인을 기용한 광고만을 고집한다면 회사는 심각한 재정난에 빠지게 될 게 불 보듯 뻔하다.

각 팀을 개별적으로 보면 모두 저마다의 역할을 충실히 수행하고 있다. 문제는 서로의 역할을 인정하지 않는 데서 발생한다. '상대가 나를 인정하지 않으니, 나도 상대를 인정할 수 없다'는 태도가 조직에 퍼지면 그 조직은 얼마 못 가 무너질 수밖에 없다. 대개 IT 회사에서는 개발 팀이 중심이 되고, 제조업에서는 생산 팀이 중심이 되어 일이 돌아간다. 하지만 핵심 직군만으로는 일이 완성되지 않는다. 회계, 총무, 경영기획, 마케팅, 운영 등 메인 직군을 탄탄하게 받쳐주는 서포트 직군도 반드시 필요하다. 그러나 메인이 아니라는 이유로 이들의 역할이 과소평가되거나 때로 무시를 당하기도 한다.

끊임없이 설명하고 설득한다

이 문제를 해결하는 것은 쉽지 않다. 현재로서는 끊임없이 설명하고 설득하는 수밖에 없다. 우리의 북극성 지표를 이루기 위해서는 모든 역할이 중요하다고 강조한다.

직원들이 잘 이해했는지는 의문이다. 조금 설득이 된 것 같다가도, 똑같은 문제와 갈등이 늘 반복된다. 그렇다고 해서 이게 우리 회사만의 문제도, 지금 있는 팀만의 문제도 아니다. 직원들 하나하나를 놓고 보면, 각자 나름대로 최선을 다해 열심히 살아가고 있다. 그런데 왜 그들의 마음속에는 미움이 자리를 차지하고 있을까.

너무나 당연한 이야기지만, 일이 돌아가려면 모든 역할이 필요하다. 만들기만 하면 뭐 하나, 팔아야지. 팔라고만 하면 다인가, 제대로 만들어야 팔지. 서로의 역할이 필수적이라는 건 모두 알고는 있지만, 그래도 여전히 불만은 남는다. 왜일까. 결국 각자가 느끼는 인정과 평가에 대한 아쉬움 때문 아닐까. 어느 책에서 본 실험이 떠오른다. 10명의 팀원이 함께 프로젝트를 진행했고, 성공적인 결과를 냈다. 프로젝트를 마친 뒤, 팀원들에게 자신이 프로젝트의 성공에 얼마나 기여했다고 생각하는지 종이에 써내라고 했다. 이론적으로는 총합이 100%가 나와야 한다. 하지만 실제로 집계해보니 합이 300%가 나왔다. 즉, 대다수의 팀원이 자신의 기여도 대비 1/3밖에 인정받지 못한다고 느낀다는 것이다. 이것이 조직 내에서 필연적으로 발생하는 한계다.

가끔 직원들과 1:1 미팅을 한다. 그럴 때마다 사기를 북돋아주기 위해 모두에게 잘했다고 말하곤 한다. 그런데 이 과정에서 예상치 못한 문제가 발생했다. 내 칭찬이 의도와 달리, 서로에 대한 무언의 비교로 이어졌다.

사실 불행의 근원은 비교에서 시작된다. '내가 탁월해서 잘했다'라고 생각하면 만족할 수 있다. 안타깝게도 생각은 여기에서 멈추지 않는다. '내가 저 사람보다 훨씬 일도 많이 하고 잘해, 그런데 저 사람은 나와 연봉이 같네, 내가 저 사람보다 인센티브를 두 배는 더 받아야 공정하지…' 이런 식으로 생각이 이어지면 절대적으로 불행해진다. 서로를 인정하지 않는 둘이 있다면, 둘은 결코 행복해질 수 없다. 기준만 무한히 올라갈 뿐이다.

"모두가 연봉 5,000만 원을 받는 곳에서 나만 연봉을 1억원 받을래? 아니면 모두가 연봉 3억 원을 받는 곳에서 나만 연봉을 2억 원 받을래?"라고 물으면, 사람들은 대개 전자를 선택한다. 후자를 선택하는 것이 더 이득인 데도 불구하고, 다른 사람보다 덜 받는 상황이 싫은 것이다. 사람은 왜 이렇게 설계되었을까. 왜 불행하도록 설계되었을까.

사람들은 회사나 시스템이 불공정하다고 말한다. 만약 인사 평가 기준이 무엇인지 묻는다면, 요즘의 나는 "사실 기준은 없다"라고 단언한다. 평가 보상 시스템을 만들면 겉보기에는 합리적으로 보인다. 기준을 정하고 너는 97점, 저 친구는 90점 이렇게 점수를 매기면 언뜻 공정해 보인다. 그런데 정말 일을 그렇게 평가할 수 있을까? 모두가 같은 시험지를 푸는 게 아닌데 말이다. 같은 개발 팀 안에서도 개발자마다 하는 일이 다 다르다. 심지어 지금까지 코딩한 내용을 전부 공개하고, CCTV로 업무 과정을 지켜보며 기여도를 판단한다고 하더라도 A가 B보다 2점 더 높다는 걸 알 수 있을까. '잘한다'의 기준을 정하는 시스템은 있을 수 없다. 나에게 좋은 점수를 주는 시스템만이 좋은 시스템일 뿐이다. 무엇보다 나는 누군가를 배점표에 맞춰서 평가하고 싶지도 않고, 평가할 수도 없다고 생각한다.

인기를 끌었던 넷플릭스 예능프로그램인 〈흑백요리사〉에

서도 맛, 재료의 신선도와 활용도, 풍미와 조리 기술의 완성도, 요리의 개성과 창의성 등 여러 기준으로 음식을 평가한다. 그러다 보니 점점 더 복잡해졌다. 결과가 나오면 사람들은 그대로 수용하기보다 기준이 과연 공정한가에 자꾸만 집착한다. 영어를 잘하는지 여부를 알기 위해 토익 점수를 참고하는 것인데, 토익 시험을 잘 볼 수 있는 영어만 공부하게 되어버린 현실과도 일맥상통한다. 여기서 괴리가 생긴다. 토익 만점자가 토익 900점인 사람보다 실제로 영어를 더 잘한다고 할 수 있을까.

고민 끝에 나는 평가 방식을 바꿨다. 기준은 없다. 팀에서 리더가 정하는 것이 기준이다. 팀을 이끄는 리더의 판단을 존중해주는 것이다. 물론 리더가 평가 방식을 악용하거나, 판단이 제멋대로이거나 불합리하다면, 그 리더는 교체되어야 한다.

리더가 팀원을 평가하는 방식을 도입한 것이 고질적인 조직 내 평가 문제에 관한 나의 솔루션이다. 리더는 팀원 가장 가까이에서, 팀원이 더 잘하기를 바라는 마음으로 함께 일하는 사람이다. 그러므로 팀원을 가장 잘 평가할 수 있는 존재라고 믿는다.

모르는 것에 대한 불안감에서 시작된다

• ∙ •

뉴턴역학은 직관적이다. 뉴턴역학에서는 현재 속도와 질량을 알고, 거기에 가해지는 힘만 알면 어떻게 움직이는지 예측할 수 있다. 하지만 양자역학의 세계로 들어가면 뉴턴의 물리 세계가 깨진다. 미래는 원래 예측 가능해야 하지만, 어떤 입자는 파동이기도 하고, 입자이기도 하다. 양자역학의 세계에서는 미래를 예측할 수 없다. 그래서 나는 어떤 팀원이 다음 분기에 어떤 퍼포먼스를 낼지 예측하는 것은 양자역학의 관점으로 바라보는 것이 적합하다고 본다. 세상은 확률로 존재한다. 가능성만 있을 뿐이다. 현재 A가 B보다 성과가 더 좋다. B는 정말 실력이 없는 직원일까. 미래에도 A가 B보다 더 잘할 거라고 말할 수 있을까.

세상은 복잡하기 때문에 그 무엇도 확정 지을 수 없다. 무엇이든 알고 싶은 마음은 알지만, 사람을 아는 것이 가장 어렵다. 알고 싶은 본능, 모르는 것에 대한 불안감. 그렇기에 확률을 이해하는 것이 중요하다.

많은 사람이 일이 잘될지 안될지를 묻는다. 일은 잘될 수도 있고, 안될 수도 있다. 말장난이 아니다. 우리가 해야 하

는 질문은 '어떻게 하면 일이 잘될 확률을 높일 수 있을까?'
이다. 이 작은 질문의 차이가 큰 행동의 차이를 불러온다.
투자자와 창업자의 차이와 비슷하다. 투자자는 결과에 영향
을 미치기 어렵다. 마치 투자자는 뉴턴역학의 세계에 있는
것 같다. 물리 세계는 예측 가능하고, 관찰자는 결과를 바
꿀 수 없다. 반면 창업자는 양자역학의 세계에 있는 것 같
다. 확률로 존재하는 입자의 세계로 들어가서 원하는 결과
를 만들어내기 위해 이리저리 부딪친다.

특히 의사결정을 할 때는 '이 일이 잘될 것인가?'라는 예
측이 아니라, '이 일을 잘되게 할 것인가?'라는 의지를 기준
으로 삼는다. 다르게 표현하면, 의사결정이란 '이 일은 잘될
것 같으니 하겠어'가 아니라, '나는 이 일이 잘되게 하겠어'라
고 마음을 먹는 것과 같다.

물건을 잘 팔기 위한 핵심 비결은 '내'가 잘 파는 것이다.
수많은 경쟁 제품들 속에서 살아남으려면, 내가 이 물건을
반드시 팔겠다는 확고한 의지가 있어야 한다. 그리고 그
의지를 사람들에게, 특히 투자자들에게 어필해야 한다. 투
자자들은 단순히 좋은 아이템을 찾는 것이 아니라, 핏이 맞
는 창업자를 선택한다. 그러니 투자자에게 흔들릴 필요 없

다. 결국 내가 이 물건을 반드시 팔겠다는 확신을 갖는 것. 그것이 가장 중요하다.

4

규모가 커질수록
생각해야 하는 것들

서로를 존중할 수 있는 사내 문화

● ○ ●

스타트업 초창기에는 제너럴리스트generalist, 여러 분야를 두루 아는 사람으로, 폭넓은 역할을 수행하는 멀티플레이어의 가치가 높다. 각 분야의 전문 인력을 따로 뽑기 어려운 상황이기 때문이다. 보통 창업 초기에는 PM, 개발자, 디자이너 이렇게 셋으로 시작하는 경우가 많다. 이때 PM은 마케팅과 서비스 운영을 맡고, 개발자는 프런트엔드부터 백엔드, 시스템 개발까지 모두 담당하며, 디자이너 또한 단순히 디자인만 하는 것이 아니라 브랜딩, 네이밍, 카피라이팅 등 다양한 역할을 수행한다.

그러다 투자 유치와 함께 각 분야의 스페셜리스트special-
ist, 한 분야에 깊이 있는 전문성을 가진 전문가가 한 명씩 팀에 합류하게
된다. 그동안 영역을 넘나들며 동시에 여러 업무를 소화하
던 제너럴리스트의 역할은 점차 줄어든다. 예를 들어, 마케
팅을 함께하던 PM은 전문 마케터가 팀에 들어오면서 마케
팅 관련 업무에서 자연스럽게 손을 뗀다. 팀이 커질수록 예
전에는 한 사람이 넓은 범위를 책임졌던 구조에서, 점차 전
문 인력이 각자의 영역을 맡는 구조로 변화하게 된다.

이 과정에서 역할과 기여도의 변화가 생긴다. 초반 5명이
한 팀인 체제에서는 한 사람이 전체의 20%를 책임졌지만,
팀이 20명 체제가 되면 한 사람의 기여도는 5%로 줄어든
다. 한 사람의 절대적인 역할은 여전히 크지만, 상대적인 존
재감과 영향력은 줄어들 수밖에 없다. 바로 이 지점에서 갈
등이 생긴다. 역할의 재정의, 정체성의 혼란 그리고 자존감
의 흔들림. 회사가 성장하면 반드시 한 번은 마주하게 되는
내부적인 전환의 고비다.

스페셜리스트를 채용하면 기존 제너럴리스트의 반발이
생기곤 한다. 안타까운 일이지만, 회사 초기에 반드시 겪게
되는 자연스러운 성장통이다. 회사의 구성원이 셋일 때는 모

두가 프로덕트를 만드는 사람이었다. 모든 구성원이 함께 기획하고, 디자인하고, 개발하고, 고객 응대를 하며 일했다. 그런데 회사가 커지면서 마케팅 담당자가 합류하면 "정말 필요할까?"라는 시선이 생기고, 재무 담당자가 들어오면 "지금까지 없어도 잘 돌아갔는데?"라는 반응이 나온다. 피플 팀(자비스앤빌런즈의 인사 팀 이름)도 그랬다. 없어도 괜찮다고 생각했는데, 생기고 나서야 왜 중요한지 체감할 수 있었던 경우였다.

특정 역할이 있는 사람들이 다른 역할을 이해하고 존중하는 문화는 시간과 노력 없이는 만들어지지 않는다. 회사가 장기적으로 성장하기 위해서는 꼭 필요한 일이지만, 모든 구성원이 그 필요성을 자연스럽게 느끼게 만들기란 결코 쉽지 않다.

'저 팀이 잘하면 결국 나에게도 이익이 돌아오는구나.'

이걸 구성원 스스로 느끼게 하는 것이 핵심이다. 특히 전문 분야가 있는 사람들은 다른 분야의 일을 하는 사람을 리스펙하기 어렵다. 우리도 이 문제를 해소하기 위해 여러 시도를 해봤다. 그중 각 팀이 하는 일을 더 잘 이해할 수 있도록 전사 정보 공유를 강화하는 방법이 효과가 좋았다. 예를 들어, 재무 팀이 결제대행사와의 협상을 통해 매출 증가에 기여한 사례나, 마케팅 팀이 광고 효율을 높여 전체 수익에 도움을 준 사례를 전사적으로 공유하자 자연스럽게 서로에 대한 리스펙이 생겼다. 이 외에도 전사 운동회나 사내 파티를 열어 전 구성원이 함께 어울릴 기회를 제공하는 것도 서로를 이해하고 존중하는 문화를 만드는 데 꼭 필요한 방법이라고 생각한다.

신뢰의 네트워크

회사 구성원이 50명일 때까지는 별다른 시스템이 없어도 운영에 큰 어려움이 없었다. 평가 제도만 해도, 당시에는 전 직원의 업무가 다 눈에 들어왔기 때문에 굳이 팀장들이 평가를 하지 않아도 됐다. 연봉 결정도 최종적으로 내가 직접 챙길 수 있는 범위였다. 하지만 인원이 100명을 넘어서면서 상황이 달라졌다. 이제는 누가 어떤 일을 했고, 어떤 기여를

했는지를 나 혼자서는 파악할 수 없었다. 이때부터 '시스템'의 필요성이 본격적으로 드러나기 시작했다.

50명 시절까지는 전 직원을 상대로 1:1 미팅을 할 수 있었다. 각자 어떤 일을 하고 있는지, 어떤 어려움을 겪고 있는지, 일하면서 언제 보람을 느끼는지 같은 이야기를 30분에서 한 시간 정도 듣는 게 가능했다. 하지만 인원이 두 배가 넘어가자 1:1 미팅 자체가 물리적으로 불가능해졌다. 50명까지는 어떻게든 조직의 연결을 유지할 수 있었지만, 그 이상의 규모에서는 시스템이 그 역할을 대신할 수 있도록 방안을 마련해야 한다는 현실적인 고민이 생겼다.

내가 생각해낸 방안은 '신뢰의 네트워크'를 만드는 것이었다. 내가 10명 정도의 리더와 직접 깊은 관계를 맺고, 그 10명이 다시 각각 5~10명의 팀원들과 신뢰를 형성하는 구조다. 직접적으로 연결되지는 않지만, 한 다리만 건너도 서로의 생각과 맥락이 이어지는 조직 형태를 만들 수 있다.

자비스앤빌런즈에서는 이를 "메시mesh가 촘촘하다"라고 표현한다. 결국 회사는 사람이 모여 일하는 곳이기 때문에 서로의 결정에 신뢰가 없으면 언제나 오해와 갈등이 생길 수 있다. 하지만 촘촘한 신뢰망이 형성되어 있다면, 나와 의견이 다르거나 내가 직접 내린 결정이 아니더라도 그 결정의 배경을 믿을 수 있다.

"이 결정에는 사심이 없고, 진정성이 있다."

이런 신뢰가 쌓이면, 일에 대한 토론이나 논의가 더 효율적으로 이루어진다. 지금도 회사에서는 크고 작은 문제들이 늘 있지만, 그래도 비교적 '촘촘한 메시' 덕분에 조직 내 신뢰가 잘 유지되고 있다고 느낀다. 시스템은 결국 신뢰를 돕는 도구이며, 그 바탕은 사람 간의 관계에서 시작된다.

문화냐, 시스템이냐

● ○ ○

회사의 문화를 강조한다는 것은 일에 대한 태도를 중요하게 본다는 의미다. 열심히 그리고 잘하려는 사람들이 모이면 굳이 많은 관리 없이도 스스로 알아서 일한다. 사람의 본성에 대해 이야기할 때 흔히 성선설과 성악설로 나뉜다. 이 관점으로 보자면, 문화를 강조하는 접근은 성선설, 시스템을 강조하는 접근은 성악설에 가깝다. 즉, 사람은 본래 선하다고 믿으면 문화에 맡기고, 사람은 기본적으로 게으르거나 이기적일 수 있다고 본다면 그 부작용을 막기 위해 시스템으로 관리해야 한다고 생각하는 것이다.

내 생각은 그 둘의 균형을 맞춰야 한다는 쪽이다. 사람은 누구나 일을 잘하고 싶고, 동료와 잘 지내고 싶은 마음이 있다. 이런 동기는 조직의 문화를 통해 충분히 키워갈 수 있다. 하지만 동시에 일은 언제나 힘들고, 누구든 때때로 게을러지고 싶고, 덜 일하고 더 많은 보상을 받고 싶어지는 마음도 생긴다. 이런 불쑥불쑥 튀어나오는 이기심을 어떻게 시스템으로 컨트롤할 수 있을까. 바로 그 지점이 조직 운영에서 중요한 부분이라고 생각한다. 그래서 우리는 인사 평가 제도, OKR 같은 성과 관리 제도를 계속해서 고민하고 진화시키고 있다. 시스템은 한 번만 만들고 끝나는 것이 아니다. 조직이 성장하고 조직 내 관계가 복잡해짐에 따라 끊임없이 수정되고 개선되어야 한다. 결국 핵심은 문화는 사람의 '선한 동기'를 키우고, 시스템은 '불가피한 이기심'을 제어하는 도구가 되어야 한다는 것이다. 둘 중 하나만 의존해서는 건강한 조직이 유지되기 어렵다.

시스템은 어떻게 보면 청소와 같다. 30평대 집을 한번 깨끗이 청소하면 한동안은 쾌적하지만, 며칠만 지나도 금세 지저분해진다. 깨끗한 집을 유지하려면 주기적으로 청소를 반복해야 한다. 회사의 시스템도 마찬가지다. 조직이 작을 땐 간단한 구조로도 운영되지만, 식구가 늘고 구성원이 많아지면 이사를 하거나 인테리어를 바꾸듯 회사도 그에 맞춰 시스템을 조정해야 한다. 이때 무엇보다 중요한 건 각자의 방은 스스로 청소하겠다는 마음가짐이다. 모든 구성원이 책임감을 갖고 자신의 역할과 영역을 정리 정돈하여 청결을 유지하려는 태도가 필요하다.

우리 회사에서 선한 동기를 지켜내는 데 가장 중요한 역할을 하는 것은 1:1 미팅이다. 그리고 그 동기를 조직 차원에서 시스템으로 뒷받침하는 도구가 인사 평가 제도와 OKR이다. 단지 성과 측정의 수단이 아니라, 일종의 어뷰저abuser, 정당하지 않은 방법으로 이익을 얻는 부정행위자나 월급루팡직장에서 하는 일 없이 월급만 타 가는 직원을 비유적으로 이르는 말을 방지하는 장치로도 기능한다.

우리 회사에는 '아웃보딩outboarding'이라는 개념이 있다. 우리 회사와 결이 맞지 않는 사람과 건강하게 헤어지는 제도이다. 회사의 문화나 방향성과 어긋나는 사람이 있을 때 그와 잘 이별하는 것 또한 조직 운영에서 매우 중요한 일이라고 생각한다.

회사는 아이처럼 자라야 한다

• ○ ○

회사의 규모가 달라지면 창업자 자신도 변화의 대상이 되어야 한다. 나는 창업자이자 대표였지만, 돌이켜보면 초기 스타트업에 필요한 제너럴리스트의 역할을 수행했던 것일 뿐이었다. 회사가 성장하면 CEOChief Executive Officer, 최고경영자에게도 스페셜리스트로서의 역량이 요구된다. 그 시점에 당면한 문제를 해결할 수 있는 사람이 CEO가 되는 것이 가장 바람직한 선택일 수 있다. 따라서 나는 창업자이기 때문에 CEO 자리에 계속 있어야 한다는 생각을 내려놓고, 내가 잘할 수 있는 역할이 무엇인지, 그것이 회사를 더 크게 성장시키는 데 어떤 도움이 될 수 있을지에 대해 고민했다.

실제로 네이버나 카카오처럼 창업자가 CEO에서 물러나 다른 역할을 맡으며 회사를 더 크게 성장시킨 사례들이 있다. 이를 벤치마킹하여 나 스스로를 회사의 자원이라고 생각하며, 창업자이자 실무자 '김범섭'을 어느 포지션에 놓아야 도움이 될 것인지 판단했다. 그 결과 나는 CEO 자리에서 내려와 CGOChief Growth Officer, 최고성장책임자를 맡고 있다. 200명 규모의 회사 전체를 경영하는 역할보다는, 새로운 서비스를 만들고 확장하는 데 나의 역량을 집중하는 것이 더 효율적이라고 판단했기 때문이다. 감사한 것은 3년 전 회사에 입사해 지금은 CEO를 맡고 있는 동료가 그만큼 성장했다는 점이다. 또한 그것이 가능하도록 환경을 만들어준 모든 구성원들에게도 깊이 감사한다.

나는 회사를 우리 아이라고 생각한다. 아이가 태어나면 처음부터 끝까지 부모가 모든 것을 해준다. 먹이고, 씻기고, 재우고…. 아무것도 스스로 할 수 없는 시기에는 부모의 손이 닿지 않는 곳이 없다. 하지만 아이가 자라면서 상황이 달라진다. 좋은 어린이집 선생님께 아이를 맡기고, 그다음엔 유치원, 초등학교로 넘어간다. 그 과정에서 부모의 역할은 조금씩 줄어들고, 아이는 다양한 친구, 어른들을 만나며 사회 속에서 성장해간다. 만약 부모가 아이를 소유물로 생각한다면, 아이의 성장은 멈출 것이다. 아이 스스로 자라지 못하고, 부모의 그늘 안에만 머물게 된다. 성장의 마지막 단계는 '독립'이다. 더 이상 부모의 도움이 없어도 스스로 생각하고, 행동하고, 살아갈 수 있게 되는 것. 회사가 영속적인 조직이 되기 위해서도 마찬가지다.

창업자의 도움 없이도 스스로 운영될 수 있는 상태.

그것이 진짜 성장이라고 믿는다. 물론 내게 회사는 너무나 소중한 존재다. 내 손에 움켜쥐고 평생 좌지우지하고 싶지만, 그러면 회사는 부모의 소유물로 전락한 아이처럼 분명 성장하지 못할 것이다. 반면에 회사가 나 없이도 스스로 살아갈 수 있다면, 진정한 독립을 이룬다면, 그때 나는 비로소 '내가 이렇게 훌륭한 자식을 키웠구나' 하고 뿌듯한 마음이 들 것 같다. 창업자라면 이런 마음을 꼭 가져야 한다. 그래야 아이가 부모보다 더 크고 단단하게 자랄 수 있다. 회사를 그런 존재로 키워내는 것, 그것이 내가 앞으로 꿈꾸는 가장 큰 바람이다.

5

존버의
조건

핵심은 체력이다

· ○ ○ ○

"요즘 보통 몇 시간 주무세요?"

"저는 7시간 이상 자요."

"네? 그래도 돼요?"

요새도 가끔 잠에 관한 질문을 받는다. 내 대답을 들은 사람들은 한결같이 도무지 이해가 안 된다는 눈빛이다. 내가 사업에 잘 맞는 사람인지는 모르겠지만, 잠을 잘 자는 것은 확실히 사업에 도움이 많이 된다. 나는 잠을 정말 잘 잔다. 어떤 상황에서도 잘 잔다. 아들 친구네 집 소파에서도 잘 자고, 스트레스를 받아도 잘 잔다. 너무 잘 자서 내가 스트레스를 받은 게 맞나 싶다. 깨고 나면 컨디션이 좀 괜찮아진다.

창업을 시작한 2009년부터 대부분 어려운 시간이었다. 그 시간을 버텨낼 수 있게 해준 건 잠이었다. 더 정확히는 잠을 통해 회복한 체력 덕분이었다. 푹 자니까 아침에 일어나서 조금이라도 걷거나 뛸 수 있고, 움직이니까 자연히 입맛이 돌아 잘 먹을 수 있었다. 보통은 스트레스를 받으면 잘 먹지 못한다고들 하던데 나는 그런 적이 없었다. 그래서인지 내가 잘 먹으면 주위에서 스트레스를 받는 게 맞는지, 나를 살짝 의심스러운 눈으로 보기도 했다.

대학입시를 준비할 때 '4당5락'이라는 얘기가 많이 돌았다. 5시간 자면 떨어지고, 4시간 자면 붙는다는 말이다. 창업이라는 단어에도 그런 느낌이 숨어 있다. 창업하면 라꾸라꾸에서 쪽잠을 자고, 라면이나 피자만 먹으며 대충 끼니를 때워야 할 것 같다는 고정관념이 있다. 헝그리 정신의 의미가 그런 건 아닌데 말이다. 시간이 없으면 없을수록 체력을 키워야 한다. 잠깐 체력을 끌어다 쓸 수는 있겠지만, 그

기간이 1년 중 한 달을 넘으면 안 된다고 생각한다. 투자자가 투자한 돈보다 더 많이 벌기 위해서는 잘 자고, 잘 먹어야 한다. 건강이 허락하지 않으면 스트레스 상황을 버티기 어렵다.

결국 존버의 핵심은 체력이다. 멘털 체력도 피지컬 체력과 연관되어 있다. 사업하기에 적합한 사람의 생활은 건강해야 한다. 본인만의 루틴이 있어야 한다. 스타트업 업계에서는 잠 안 자고 계속 일하는 창업자나 대표를 떠받드는 경향이 있다. 그러면 안 된다. 7시간 이상 자라고 얘기하는 분위기여야 한다. 투자자들도 잠 많이 자는 창업자나 대표를 격려하고 독려해야 한다. 내 생각에는 내가 한국에 있는 창업자나 스타트업 대표 중에 잠을 제일 많이 자는 것 같다.

매일 같은 상태를 유지한다

• · •

어떤 일이 생겨도 똑같이 행동하려고 한다. 비슷한 시간에 일어나 운전해서 회사로 간다. 커피를 사고 헬스장에서 20분 정도 걷거나, 기분이 좋으면 웨이트트레이닝도 조금

한다. 샤워하고 나와서 사무실에서 아침을 먹는다. 끼니를 거르지 않고 여유가 있을 때 최대한 잘 먹는다. 아침마다 같은 상태를 유지하려고 한다. 힘들면 힘들수록 더 지키려고 노력한다.

상황이 어려웠을 때도 아침에 출근하는 것이 중요했다. 일단 하던 대로 한다. 루틴대로 회사에 간다. 상황이 좋아서, 기분이 들떠서, 다른 일을 하고 싶은 마음이 굴뚝같아도, 평정심을 유지한다. 저녁 루틴은 더 간단하다. 잔다. 잘 잔다. 밤 11시 전에 자서 아침 6~7시 사이에 일어난다. 미라클 모 닝miracle morning, '기적의 아침'이라는 뜻으로, 나 자신을 위해 이른 새벽이나 아침 시간을 사용하는 것은 내게 너무 거창하다. 그냥 안 씻고 나 간다. 나를 컨트롤하는 방법을 잘 찾은 것 같다. 나는 운동을 하러 가는 것이 아니라 샤워하러 간다고 생각한다. 문 앞까지만 일단 가면, 또 열심히 하게 된다.

확률을 높이는 행동을 한다

● ○ ○

나는 20개 이상의 서비스를 런칭했다. 그중에서 잘되었다 싶은 것은 두 개뿐이다. 성공률이 1할이다. 그런데 1할이 스타트업 업계의 평균이다. 투자자들도 열 개 회사에 투자해서 하나가 잘되면 성공적인 투자라고 여긴다. 1할이 평균적인 승률이다. 1할 타자인 내가 안타를 한 번이라도 치려면 직전 타석에서 삼진아웃을 당해도 다시 나와야 한다. 다섯 번 연속 타석에 섰는데 안타 한 번을 못 쳤다면, 감독도 동료 선수들도 더 이상 나를 믿지 못하게 된다.

리멤버를 하기 전까지 서비스가 두 번 망했다. 스타트업 인재 추천 서비스인 벤스터를 만들었는데 실패했다. 그다음에는 실물 명함을 대체하는 프로필미 서비스를 만들었는데 성공 여부를 따지기가 좀 애매하다. 리멤버를 하기 전까지 성공해본 적이 없다. 함께 일하는 동료도, 투자자도 나의 다음 서비스에 기대가 없다. 심지어 나조차도 확신을 갖기 어려운 상황이었다.

그래도 버틴다. 버티기 위해서는 내가 상황을 제대로 인지하는 것이 중요하다. 어떤 서비스가 잘되고 안되고에는 이유가 없다는 것을 이해해야 한다. 우리가 흔히 저지르는 오류 중 하나는 어떤 현상이 벌어졌을 때 이유를 찾는 것이다. 가위바위보 게임에서 내가 가위를 내서 졌다면, 이유를 찾으려고 한다. 이유가 있다고 생각하기 때문이다. 그러면서 내 손 근육이 약하기 때문일까, 멘털이 약하기 때문일까, 눈치가 없기 때문일까 등 말도 안 되는 이유를 찾는다.

전부 문제의 본질이 아니다. 확률의 기본은 이유가 없다는 것이다. 가위바위보처럼 똑같은 일을 했을 때 어떤 때는 이기기도 하고, 어떤 때는 지기도 하고, 어떤 때는 비기기도 한다. 그럼에도 본능적으로 이유를 찾으려고 한다. 그래야 마음이 편하기 때문이다. 아이러니하게도 그러면 버티기가 점점 힘들어진다. 존버를 위해서는 실패의 이유가 내가 뭔가 잘못해서가 아니라는 점을 이해할 수 있어야 한다. 하지만 만약 서비스가 망한 이유가 정말 내가 실력이 없어서라면, 그리고 앞으로도 실력이 변하지 않을 것 같다면 더 이상 서비스를 만들지 말아야 한다.

세상은 확률로 존재한다. 나의 실패에 어떤 분명한 원인이 있다고 생각하는 것은 존버에 전혀 도움이 되지 않는다. 존버에 도움되는 건 확률에 대한 이해이다. 성공한 사람 중에 성공할 만한 행동을 안 했는데도 성공하는 경우가 있다. 심지어 이상하게 했는데도 성공한다. 왜? 확률이기 때문이다. 나는 능력도 있고 열심히 했는데도 성공하지 못할 수 있다. 자괴감이 든다. 세상이 마음에 안 들고 그런 세상에서는 버티기가 힘들어진다. 만약 게으르고 공부도 안 하고, 돈도 막 쓰는 누군가가 성공을 했다면, 너무 신경 쓰지 말자. 장기적으로 보면 그런 사람은 확률적으로 오래가지 못한다. 그러니 우리가 성공할 수 있는 가장 확실하고 유일한 방법은 확률을 높이는 행동을 꾸준히 하는 것이다. 공부도 하고, 일도 열심히 하고. 그리고 계속 시도하자.

6

분노를 토해낼
돌파구를 만들자

정말 다 포기했을 때 나를 살려준 사람들

● ○ ○

더는 내 의지로 버틸 수 없다고 느꼈던 순간들이 있었다. 2019년이 바로 그런 시기였다. 자비스를 운영하며 약 스무 군데의 투자사로부터 혹평을 들었고, 자금은 바닥났다. 직원들 대부분이 회사를 떠나고, 몇 명만이 남아 힘겹게 버티고 있었다. 그때 나는 아내와 아이들과 함께 집에 머물며 마치 겨울잠을 자듯 조용히 시간을 보냈다. 바깥세상에서 상처받고 마음 둘 곳이 없을 때, 집이라는 공간에서 그 상처를 치유하는 시간이 필요했다.

다행히도 내 상황을 깊이 이해해주는 스타트업 대표 친구들이 곁에 있었다. 그들은 내 무기력한 마음에 진심으로 공감했고, 함께 분노하며 내 감정을 받아주었다. 만약 그들이 없었다면, 아마도 나는 모든 것을 놓아버렸을지도 모른다. 죽을 만큼 힘든 고비를 버틸 수 있게 해준 소중한 사람들이 있어 참으로 다행이었다.

힘들 때는 '돌파구'가 필요하다. 잠시 다른 공간에서 모든 것을 잊고 새로운 시선을 가질 수 있는 시간. 혹은 아무 생각 없이 놀거나 충분히 쉬는 시간. 그런 시간이 반드시 필요하다. 나에게 돌파구는 시기마다 달랐다. 한때는 패러글라이딩, 또 한때는 골프와 스키였다. 그 순간들 덕분에 나는 다시 숨을 고르고 앞으로 나아갈 수 있었다.

요즘 힘들어하는 대표님들을 만나면, 나는 꼭 이렇게 묻는다.

"힘들 때 이야기를 나눌 친구나 가족이 있나요?"
"취미 생활을 해보는 건 어때요?"

누군가는 곁에 고민을 나눌 수 있는 사람이 있지만, 그렇지 못한 경우도 많다. 겉보기엔 아무 문제 없어 보여도, 사실은 누구나 힘들 때가 있다. 그래서 나는 말한다. 평소에 자신만의 '기댈 수 있는 사람'을 찾아야 한다고. 특히 누구보다 외로운 위치에 있는 대표라는 직함을 가진 이들에게는 그 존재가 절실하다.

있는 그대로 받아들이는 연습

• • •

어느 금요일, 한 직원이 퇴사하면서 메신저 공개 채널에 글을 남겼다. 특정인을 지목하며 당신 때문에 너무 힘들었다고, 거친 욕설과 함께 퇴사 인사를 남긴 것이다. 다음 날 회사는 말 그대로 난리가 났다. 이걸 어떻게 받아들이고 정리해야 할지 머릿속이 복잡했다. 고민 끝에 토요일 아침 무작정 패러글라이딩을 하러 갔다.

패러글라이딩이 좋은 이유는 하나다. 지면에서 발이 떨어지는 순간 현실과 단절되는 듯한 느낌을 받을 수 있기 때문이다. 하늘로 떠오르는 그 찰나에, 내가 땅과 분리되면서 머릿속 가득했던 문제들 또한 모두 발아래 내려놓는 기분이

든다. 그날 상승기류를 타고 1,500m 상공까지 올라갔다. 그 높이에서 아래를 내려다보면 세상이 한없이 작게 느껴진다. 거대한 아파트 단지는 겹겹이 놓인 성냥갑 같고, 그 안의 사람은 성냥개비보다도 작다. 결국 내가 겪은 모든 감정, 그 모든 '불편함'이라는 건 성냥개비가 또 다른 성냥개비 때문에 느끼는 사소한 감정일 뿐이었다.

1,500m 상공에서 보면, 모든 것이 작고 별것 아니다. 그냥 지나가는 일일 뿐이다. 지구적인 관점에서 보면, 그 모든 고민과 갈등, 분노는 먼지 같은 일이다. 내가 왜 먼지에 마음을 빼앗기며 분노하고 무너졌을까. 그런 생각이 스치면서 조금씩 마음이 정리되기 시작했다. 내가 겪는 실패조차도, 심지어 성공이라고 해봐야 조금 더 나은 성냥개비가 되는 일일 뿐이다. 뭐가 그렇게 대단한 일이라고 서로를 시기하고 질투하며 마음을 소모했을까. 하늘에서 내려다보면 그 모든 감정은 가볍고, 또 바람에 흩날리는 먼지일 뿐이었다. 자연은 상처받은 내 감정을 조용히 치유해주었다. 나보다 훨씬 크고, 나보다 훨씬 오래된 자연을 마주하면 내가 안고 있는 문제도 결국은 별거 아니며, 시간이 지나면 다 흘러가게 마련이라는 사실을 깨닫게 된다.

가끔 골프를 치다 보면, 1m 퍼팅처럼 쉬워 보이는 것도 잘 안될 때가 있다. 세계 정상급 선수들의 경기만 봐도 의외로 짧은 퍼팅에서 실수하는 장면이 종종 나온다. 세상일은 원래 뜻대로 되지 않는다. 누가 쉬운 퍼팅을 일부러 놓치고 싶겠는가. 그 선수들은 아마도 프로 무대에 오르기까지 10년 넘게 매일 새벽부터 밤까지 훈련을 거듭했을 것이다. 그렇게 정성을 다하고, 할 수 있는 모든 노력을 다 해도 안 되는 순간이 있다면, 그저 받아들이는 수밖에 없다.

사실 골프는 그냥 취미일 뿐인데도 마음처럼 안 된다. 하물며 내가 하는 일은 생업이고, 프로로서 감당해야 할 무게도 훨씬 크고 무겁다. 만약 일이 내 뜻대로 잘 풀린다면 그건 당연한 게 아니라 오히려 감사한 일이다. 반대로 일이 뜻대로 되지 않는다고 해서 마음에 계속 분노를 품고 있을 필요는 없다. 세상일이란 원래 그런 것이다. 그저 흘러가는 것. 우리는 다만 그 안에서 오늘을 살아갈 뿐이다.

다시 숨을 고른다

· ○ ·

특별한 취미가 없다면, 나는 걷기를 추천한다. 걷기는 누구
나, 지금 당장 시작할 수 있다. 패러글라이딩이나 골프, 스키
처럼 시간과 비용이 많이 드는 활동이 아니라는 것도 장점
이다. 나 역시 무작정 걸을 때가 있었다. 직원들이 떠나가고,
사업을 계속할 자금도 없고, 투자마저 연이어 실패했던 시기
였다. 누구도 내 마음을 완전히 이해하지 못하는 것 같았지
만, 그럴수록 나는 묵묵히 걸었다. 아침에 출근하면서도 걷
고, 퇴근 후에도 걸었고, 주말 내내 아무 말 없이 걸을 때도
있었다. 걷는 동안 내 마음이 들려주는 작은 이야기에 귀를
기울였다. 아직 늦지 않았다면, 한 번만 더 해보자고 스스로
를 다독였다. 모든 걸 내려놓고 싶을 때도 걸었다. 그러면 이
상하게도 다시 일어설 힘이 조금은 생겼다. 세상과 일, 사람
과 다시 마주할 수 있는 용기가 스멀스멀 생겨났다.

  가끔 스트레스를 풀기 위해 지리산 종주나 비박 같은 조
금은 극적인 경험도 해봤다. 몸을 움직이는 단순한 행위가
머릿속을 비우고 마음을 다잡는 데 얼마나 큰 힘이 되는지
직접 체험했다. 특히 비박의 가장 큰 매력은 오롯이 혼자만

의 시간을 가질 수 있다는 점이다. 마음이 지치고 힘들 때, 그 고요함은 무엇보다 큰 위안이 된다. 세상도, 사람도, 일도 버겁게 느껴지고 도망치고 싶을 때가 있다. 그럴 때 사람이 없는 곳으로 향하면, 마음이 조금씩 진정되고 안정되는 것을 느낀다. 그곳에는 나를 해칠 사람도, 따가운 시선도 없다. 오로지 자연만이 있다. 포근하고, 아무 말 없이 너그럽게 품어주는 자연 속에서 나는 다시 숨을 고른다.

7

마지막이라 생각했을 때
다시 시작할 수 있는 용기

성공할 때까지 한다

• • • •

"성공할 때까지 하면 성공한다."

이건 반드시 성공할 수밖에 없는 원칙이다. 그러나 성공
과 실패를 가르는 더 결정적인 요인은 마지막이라고 생각하
는 바로 그 순간의 '태도'이다. 농구 경기로 예를 든다면, 3쿼
터까지 진행된 상황에서 다음 4쿼터에 무슨 수를 써도 경
기를 뒤집을 수 없겠다는 판단이 들 때가 있다. 패배를 직감
하는 순간이다. 희망이 전혀 없다는 사실을 우리 팀도 알고

상대 팀도 알고, 심지어 관중도 안다. 이때 중요한 선택의 순간과 마주한다. 그렇다면 남은 4쿼터 경기를 어떻게 할 것인가? 선택지는 여러 가지다. 다음 경기를 위해 체력을 아끼며 경기를 포기할 수도 있고, 후보 선수를 내보내 실전 경험을 쌓을 기회로 활용할 수도 있다. 질 게 뻔하지만 끝까지 사력을 다해 경기에 임할 수도 있다.

리멤버와 삼쩜삼 서비스를 만들 때도 비슷한 느낌이었다. 왠지 잘 안될 것 같았다. 이게 마지막일 듯싶었다. 실패할 가능성이 더 컸다. 이전에도 여러 서비스를 시도했지만 모두 실패했다. 그 실패가 뭔가 크게 잘못해서였던 것도 아니었다. 그리고 이번 서비스라고 해서 특별한 점이 있는 것도 아니었다. 기존에 했던 것들과 크게 다르지 않았다. 게다가 돈도 다 떨어진 상태였다. 이 프로젝트가 끝나면 더는 무언가해볼 자금이 남아 있지 않았다. 그때 이런 감정이 들었다. '쪽팔리기 싫다.' 실패가 두려운 것이 아니라, 끝까지 해보지도 않고 포기하는 것이 창피했다.

창업자로서의 마지막 모습을 이런 식으로 마무리하고 싶지 않았다. 창업자들 사이에서 내 마지막 모습은 어떻게 기억될 것인가를 고민했다. 나는 단순히 실패한 창업자로 남고 싶지 않았다. 결과와 상관 없이 적어도 내 서비스만큼은 꽤 잘 만든 서비스라는 평가를 받고 싶었다. 영화로 치면, 흥행에는 실패했어도 영상미가 뛰어나거나, 배우들의 연기가 인상적이었거나, 스토리가 신선한 작품처럼 말이다. 망할 때 망하더라도 임팩트 있는 서비스를 만들고 싶었다. 흥행의 결과는 내가 아니었지만, 나의 정체성은 '서비스는 잘 만드는 창업자인데도 불구하고 안타깝게도 실패했다'였다.

언제나 다음은 있다

● ○ ○

순순히 받아들인 실패에서는 배울 게 없다. 나는 모든 실패가 다 배움이 되는 건 아니라고 생각한다. '실패로부터 배운다'라는 말을 곧이곧대로 받아들여, 무작정 빠르게 시도하고 맥없이 실패하는 것과 혼동하는 경우가 많다. 하지만 그런 시도와 실패에서는 아무것도 남지 않는다.

"실패를 해도, 성공의 요소가 있어야 한다."

그래야 다음을 기대할 수 있다. 그렇지 않은 실패는 의미가 없다. 실패 속 성공의 요소는, 앞서 말했듯 태도가 많은 부분을 좌우한다. 퇴사가 결정된 사람이 남은 시간을 어떻게 보내는지를 보면, 그 사람의 본질을 알 수 있다. 거래 관계가 끝나더라도 마지막을 어떻게 마무리하는지, 다시 보지 않을 관계에서도 어떤 모습을 보이는지. 남은 시간을 허투루 보내지 않고, 끝까지 맡은 바 책임을 다하는 태도. 그런 태도를 가진 사람을 존경한다. 그리고 나는 안다. 언젠가 결국 그들이 성공한다는 사실을.

에필로그

리멤버를 만들던 시절, 내 일상은 단순했다. 아침에는 전날 쌓인 명함을 한 시간 동안 입력했다. 오후에는 CS 업무를 한 시간 정도 하고, 남은 시간엔 서비스 기획에 몰두했다. 저녁에는 다시 낮 동안 쌓인 명함을 입력했다. 하루가 그렇게 흘러갔다. 아무도 만나자는 사람이 없었고, 내가 무슨 서비스를 만드는지에도 아무런 관심이 없었다.

그러다 우연히 누군가를 만나 내 루틴에 대해 이야기하게 됐다. 리멤버가 사람 손으로 직접 명함을 입력한다는 이야기를 그때 처음 꺼냈다. 기술 기반 벤처라면 자동화된 시스템으로 중무장했을 거라는 기대와는 정반대의 방식이었기에, 어디 가서 쉽게 말할 수 있는 내용은 아니었다. 그런데 그 이야기를 들은 이가 리멤버를 가리켜 "충격과 공포의 명함 앱"이라고 표현해주었다. 그 한마디가 내게는 꽤 큰 반향을 일으켰다. 기술력으로 중무장했을 것 같은 스타트업에서 사람이 직접 명함을 입력하고 있다는 건, 겉으로 보기엔 전혀 멋있지 않은 일이었다.

리멤버의 '진실'이 밝혀지자, 사람들의 반응은 크게 두 가지로 나뉘었다. 기술력이 부족해서 사람이 입력하는 거 아니냐며 얕잡아 보는 시선도 있었고, 어쨌든 정확도가 높은 명함 서비스를 만들어냈다며 오히려 영감을 받았다는 반응도 있었다. 그때 깨달았다. 기술을 자랑하고, 디자인을 뽐내고, 기획을 멋지게 설명하는 것보다 결국은 사람들이 정말 원하는 것을 제공하는 게 더 중요하다는 것. 기술력을 높이는 일도 중요하지만, 때로는 지극히 평범한 방법이 고객의 문제를 더 빠르고 정확하게 해결할 수 있다는 것을 리멤버를 통해 분명히 배웠다.

사람들이 나에게 자주 묻는 것들이 있다. 리멤버와 삼쩜삼에서 어떤 방법론을 썼는지, 모든 걸 포기하고 싶었던 순간에도 끝까지 해낼 수 있었던 동기는 무엇이었는지, 그리고 서비스를 만드는 사람으로서 어떤 태도를 가져야 하는지.

누군가 물어볼 때마다 그때그때 생각나는 대로 이야기하곤 했다. 어쩔 때는 제대로 설명하지 못했고, 때로는 분위기에 취해 거창하게 이야기하기도 했다. 집에 돌아와 '중요한 건 그게 아니었는데' 하며 후회할 때도 많았다. 그래서 이번엔, 그간의 경험을 한 번 잘 정리해보고 싶은 마음으로 이 책을 쓰게 됐다. 덕분에 나 스스로도 내 창업 인생을 차분하게 돌아볼 수 있었다.

새로운 서비스를 만드는 과정은 언제나 재미있다. 좋은 팀과 함께 서비스를 하나하나 만들어가는 시간은 늘 짜릿하다. 무엇보다 고객이 원하는 서비스를 만들었을 때, 가장 큰 보람을 느낀다.

이 책이 독자 여러분들에게도 닿아, "나도 한번 재미있는 일을 시작해볼까?" 하는 마음을 불러일으킬 수 있다면, 그리고 그 마음이 스타트업 세계에 발을 들이는 작은 용기가 된다면 더없이 기쁠 것이다. 한발 더 나아가 이 책이 당신의 일에 성공 확률을 높여주는 데 조금이나마 기여할 수 있다면 무척 행복하겠다.

감사합니다.

코어 씽킹Core Thinking

© 김범섭, 2025

초판 1쇄 인쇄 2025년 5월 7일
초판 1쇄 발행 2025년 5월 14일

지은이 김범섭
책임편집 김아영
콘텐츠 그룹 배상현, 김다미, 김아영, 박화인, 기소미
북디자인 rr_book

펴낸이 전승환
펴낸곳 책 읽어주는 남자
신고번호 제2024-000099호
이메일 bookpleaser@thebookman.co.kr

ISBN 979-11-93937-62-4 (03190)